MARQUE-PAGE

Séances audio, vidéos explicatives, interviews, liens... Nos livres s'animent désormais grâce à des contenus digitaux exclusifs ! Il vous suffit d'ouvrir l'application pour scanner la page du livre, et vous découvrirez alors des contenus originaux pour aller encore plus loin dans la lecture de nos livres.

Comment ça marche ?

Marque-Page vous permet de flasher les livres des éditions Leduc.s.
- Téléchargez l'application et ouvrez-la
- Flashez le logo « Marque-Page » à la page ci-contre.
- Découvrez des contenus exclusifs directement sur votre smartphone ou votre tablette !

Télécharger dans App Store

Disponible sur Google play

Aider son enfant à bien grandir grâce à la sophrologie

En bonus, découvrez une séance audio complète et inédite et des astuces à télécharger.
Voir page ci-contre.

Ce livre est la réédition du titre
Ma méthode de sophrologie pour les enfants paru en 2015.

Maquette : Patrick Leleux PAO

Illustrations de Coline Citron pages 55, 79, 89, 103, 121, 131, 161.
Illustrations © Fotolia pages 13, 33, 44, 52, 57, 59, 65, 85, 92, 94, 105, 109, 115, 123.

29, boulevard Raspail
75007 Paris – France
ISBN : 979-10-285-1233-0

Carole Serrat
sophrologue
Laurent Stopnicki

Aider son enfant à bien grandir grâce à la sophrologie

LEDUC.S
PRATIQUE

SOMMAIRE

INTRODUCTION

Nous sommes heureux et fiers de vous avoir comme lecteur ; si vous lisez ces lignes c'est que vous avez le désir de contribuer au bien-être physique et émotionnel de vos enfants, à leur épanouissement.

Tout au long de cet ouvrage et de ce CD, nous allons vous proposer des exercices pratiques et ludiques, des conseils qui permettront à vos enfants de gérer leurs émotions au quotidien.

À travers cet éveil au bien-être que vous offre notre méthode, vous pourrez les accompagner les aider à être plus sereins, plus calmes.

Grâce à vous, ces enfants deviendront des adultes équilibrés dont notre monde tumultueux aura bien besoin.

Nous vous souhaitons une belle découverte et de beaux partages avec vos enfants

Partie 1 :

NOTRE MÉTHODE POUR PERMETTRE L'ÉVEIL AU BIEN-ÊTRE DES ENFANTS

INTRODUCTION

LE STRESS, FLÉAU DE NOTRE ÉPOQUE

Le stress est devenu l'un des fléaux de notre époque pourtant dite « de progrès ». Il n'est donc pas surprenant que nos enfants, de par leur capacité à absorber les émotions, en soient eux aussi les victimes.

Les parents sont de plus en plus nombreux à se plaindre de la nervosité, de l'agitation de leur progéniture.

Nous avons recueilli de nombreux témoignages de parents désemparés, parfois même désespérés face à l'instabilité, au stress de leurs enfants : *« Mon fils n'arrive pas à se concentrer. » « Ma fille n'arrive pas à trouver le sommeil. » « Mon petit dernier ne tient pas en place. »*...

Les professeurs des écoles ne sont pas en reste, qui constatent au quotidien chez leurs élèves un manque croissant d'attention.

Les facteurs de stress qui touchent et perturbent aujourd'hui nos enfants sont multiples : fragmentation de la cellule familiale, désaccords parentaux, perte de repères, pression scolaire, utilisation abusive d'écrans (mobiles, télévision, ordinateurs, tablettes), pollution électromagnétique, confrontation à la violence télévisuelle ou réelle, sans oublier le climat ambiant que nos « enfants éponges » absorbent, bien malgré eux.

Il y a quelque temps nous avons monté un atelier-spectacle pour enfants, inspiré de notre conte musical qui accompagne cet ouvrage, *Petit Tom au pays de Séréna*. À cette occasion, nous avons demandé aux enfants du public s'ils savaient ce qu'était le stress. Quel n'a pas été notre étonnement de constater que ces enfants, pourtant fort jeunes, connaissaient déjà la signification du mot !

« *Le stress c'est quand papa il est énervé.* » « *C'est quand maman elle a mal dans sa tête.* » Ou bien : « *Papa il dit que maman le stresse et alors il se met en colère.* »

Et pour les plus grands : « *Quand la maîtresse elle m'interroge devant toute la classe, ça me stresse.* »

« *C'est quand j'ai des mauvaises notes, que je dois montrer mon carnet à papa et maman.* » « *Quand personne veut jouer avec moi à la récré.* » « *Quand papa et maman ils se disputent, et après j'arrive pas à dormir.* »

Lors de nos séances de sophrologie en musique, des parents inquiets et en quête de solution pour leurs enfants sont venus nous interroger : « *Victor, mon fils de 6 ans, n'arrive pas à s'endormir…* » « *Isis ne veut plus aller à l'école…* » « *Camille n'arrive pas à se concentrer…* » « *Anselme est toujours agité…* »

Ce sont des parents aimants qui n'arrivent pas à trouver par et en eux-mêmes les ressources pour aider leurs enfants.

En 2011, nous sommes intervenus sur Europe 1 dans l'émission *Et si c'était ça le bonheur ?*, et nous avons proposé en direct plusieurs pratiques de bien-être en chansons (extraits du conte musical qui accompagne le livre) pour aider les enfants à se relaxer, se détendre.

À la suite de cette émission de radio, nous avons été assaillis d'appels et de mails émanant de parents désarmés. Nous avons eu à cœur de les écouter et de les conseiller. Ce sont ces demandes, ces sollicitations si pressantes qui nous ont conduits à écrire ce livre.

POURQUOI UN LIVRE ET UN CD ?

Cet ouvrage et le conte relaxant qui l'accompagne sont nés de notre désir d'aider les parents à faire face à ces comportements qui les alarment, de leur apprendre à calmer leurs enfants, à contribuer à leur équilibre, à développer leurs aptitudes au bien-être, à les guider dans leur relation au monde, bref, à faire de leurs enfants des êtres conscients, confiants en eux et dans la vie.

Vous trouverez dans ce livre ainsi que dans le conte musical des pratiques, des exercices adaptés aux différentes situations de stress, aux difficultés, aux défis auxquels vos enfants peuvent être confrontés dans leur vie quotidienne.

Chaque chapitre correspond à une problématique que nous vous aiderons à résoudre.

Ces exercices sont assortis de conseils et recommandations qui participent à une philosophie de vie et reflètent un état de l'esprit et du corps.

Nous souhaitons vivement que ces pratiques ne soient pas seulement des parenthèses – aussi magiques soient-elles –, mais qu'elles s'inscrivent dans une démarche globale d'équilibre et d'harmonie au quotidien.

Les enfants occupent aujourd'hui une place bien plus privilégiée qu'autrefois, mais le temps qui leur est consacré est aussi plus réduit et les attentes à leur égard plus importantes, car les parents ont souvent pour leurs enfants des aspirations qui peuvent générer des tensions.

PARENTS RELAX, ENFANTS DÉTENDUS

Il est certain que les enfants seront d'autant plus tranquilles que les parents le seront également, d'autant plus équilibrés que les parents auront trouvé eux-mêmes une certaine paix intérieure.

Les enfants se construisent principalement en imitant les adultes qui les entourent ; élever un enfant est une merveilleuse occasion pour les parents de s'élever soi-même et de grandir.

C'est la raison pour laquelle nous recommandons vivement aux parents de suivre, avec leurs enfants, ces pratiques de bien-être.

Tout au long de cet ouvrage, nous allons vous proposer des moments complices de bien-être, à partager et à pratiquer en famille. Soyez assuré que ce qui est profitable pour vos enfants le sera aussi pour vous et créera une belle alliance au sein de la famille.

Au fur et à mesure de la pratique, et selon son âge et son évolution, l'enfant va acquérir une certaine autonomie et s'approprier les exercices qui lui plaisent le mieux. Toutefois nous vous suggérons, pour commencer, de faire ces exercices à ses côtés. Le temps passé avec vos enfants est précieux et il le sera d'autant plus qu'il sera empreint de sérénité, de joie et d'épanouissement.

NOTRE MISSION DE PARENTS

Il est essentiel de rester attentif aux besoins de son enfant. Si un enfant ne se sent pas suffisamment aimé ou compris, il peut essayer d'attirer l'attention par des moyens néfastes et chercher à entretenir un cercle vicieux si sa stratégie fonctionne.

Bien entendu, il ne s'agit pas de céder à tous ses caprices – nous sommes favorables à une autorité juste et bienveillante – mais se mettre à sa portée est une attitude salvatrice.

Vous qui êtes en train de nous lire – père, mère, beau-père, belle-mère, parrain, marraine, animateur, professeur –, nous tenons à vous féliciter pour votre engagement à œuvrer pour le bien-être des enfants.

Le bien-être des enfants d'aujourd'hui contribuera au bien-être du monde de demain ; les enfants sereins équilibrés seront plus enclins, plus aptes à bâtir une société apaisée et plus juste.

L'éducation au bien-être ne peut être que salutaire pour nos enfants et pour le devenir de notre planète. C'est aussi cette perspective qui nous guide dans notre travail médiatique et thérapeutique.

Cette lecture atteste de votre désir d'accomplir au mieux votre mission de parent, de tuteur ou de formateur, et de contribuer à l'épanouissement de ces adultes de demain.

Cette démarche vous honore.

Il est certain que l'épanouissement des enfants dépend pour une part de celui de ses parents.

LES PARENTS QUE NOUS SOMMES SONT D'ANCIENS ENFANTS

Même si c'est parfois difficile, il faut admettre que nos enfants reflètent souvent notre personnalité, ils témoignent de nos qualités, de nos défauts, et nous exposent à des problématiques que nous n'avons peut-être pas encore résolues.

Parfois, le miroir est inversé et nos enfants, par réaction, peuvent adopter un comportement opposé au nôtre, une manière pour eux de prendre le contre-pied de leurs parents.

Gageons que si nos enfants sont agités, c'est peut-être parce que nous ne sommes pas des modèles de sérénité, que s'ils sont anxieux, c'est peut-être parce que nous ne sommes pas non plus des champions de l'optimisme et de la confiance.

Si nous voulons conduire nos enfants sur le chemin de la sérénité, nous devons devenir de bons guides et créer autant que possible, dans notre famille, une atmosphère propice à ce cheminement. La chaleur d'un foyer où règnent la bienveillance et la confiance est nécessaire au développement paisible de l'enfant.

Être parent, c'est donc également l'occasion de prendre soin de soi, de grandir, d'évoluer aux côtés de nos enfants, de devenir son propre parent.

Les besoins à combler d'un enfant peuvent aussi être les nôtres ; ce qui semble manquer à notre enfant, c'est peut-être ce que nos parents n'ont pas pu ou pas su nous donner.

Comme nous l'avons déclaré dans un précédent ouvrage, nous sommes de farouches défenseurs de la réconciliation, à l'inverse d'autres courants historiques qui, d'une certaine façon, ont encouragé la culpabilisation des parents.

Culpabiliser ses parents est aussi une façon commode d'éviter de prendre la responsabilité de sa vie et de rendre ses parents comptables de ses déboires d'adultes.

Vos parents sont comme vous : ils ont fait ce qu'ils ont pu avec ce qu'ils ont reçu. Certains d'entre eux ont été élevés dans un contexte où l'attention aux enfants n'était pas aussi importante que celle que l'on tend à leur accorder aujourd'hui.

La relation parent-enfant n'a pas été toujours considérée comme essentielle au développement de l'être humain.

Françoise Dolto, Thomas Brazzelton, Donald Winnicott ont été des pionniers en la matière. Ils ont mis à jour l'importance de la relation parent-enfant, et ont fait prendre conscience au public que « le bébé [était] une personne », pour paraphraser le documentaire éponyme.

PARENTS, UN MÉTIER

C'est une erreur trop courante que de vouloir faire des reproches à ses parents sur leurs éventuelles erreurs commises. Tout le monde fait des erreurs et, en matière d'éducation, personne ne détient le parfait mode d'emploi.
Vos parents sont aujourd'hui des grands-parents, les grands-parents de vos enfants, le moment est venu de vous rapprocher d'eux, et dans cette optique, pourquoi ne pas leur proposer de venir faire ces pratiques de bien-être avec vous et vos enfants, pour vivre de beaux moments transgénérationnels, qui souderont, fortifieront la « cellule » familiale ?

Lorsque nos enfants étaient plus petits, certains parents venaient nous complimenter :

« *Comme vous avez de la chance, vos enfants ont l'air si équilibré, quelle chance, ils sont bien dans leur peau, etc.* »

Et toujours à notre intention et devant l'enfant lui-même : « *Nous n'avons pas votre chance, Nina nous mène une vie infernale, c'est une enfant difficile, on ne sait plus quoi faire avec elle.* »

Ou : « *Votre fils est tellement mignon, c'est pas comme Jérémy qui est insupportable et nous fait de ces crises de colère !* »

Ce type de parents semble croire qu'il existe une loterie aux enfants, dans laquelle certains parents décrochent un lot de premier choix alors que d'autres, moins chanceux, se retrouvent nantis d'un marmot dissipé et nerveux dont la mission sur terre semble être d'empoisonner l'existence de ses malheureux parents.

Fatalité, mauvais sort, génétique, etc.

Il est clair que ces parents fatalistes n'ont guère envie de se remettre en question, préférant se voiler la face et accuser un sort funeste. Il est plus aisé pour eux de se défausser plutôt que de se remettre en question et d'évoluer.

PAS DE CULPABILITÉ

Toutefois, nous n'avons nullement d'intention de culpabiliser les parents, mais plutôt de leur faire prendre conscience que nos enfants, lorsqu'ils nous semblent en mal-être, nous envoient des messages qu'il est intéressant d'écouter, puis de décrypter.

Oui, il faut savoir écouter ce que les enfants ont à nous dire. Un enfant doit se sentir aimé, compris et entendu. C'est encore plus indispensable lorsque l'enfant devient adolescent.

Dans tous les cas et pour toutes les tranches d'âge, le principe reste le même : ne pas couper le contact.

On peut tous commettre des erreurs, avoir des moments de stress, de doutes, pendant lesquels nos réactions vis-à-vis de nos gamins ne sont pas conformes à nos vœux pieux, à nos idéaux.

Les erreurs d'aiguillage font partie du voyage de la vie et l'on ne doit pas pour autant s'accabler et s'en vouloir. Vous réalisez que vous avez commis certaines erreurs ? Cette prise de conscience est en soi très salutaire et signe le début d'un changement.

Dites-vous que ces erreurs ne se reproduiront plus puisqu'elles sont arrivées à votre conscient. Restez centré sur le présent, ne ruminez pas le passé : ce qui est passé est passé.

La culpabilité vient du fait des attentes excessives envers soi-même et ses enfants. C'est un sentiment néfaste.

À chaque âge, à chaque période de sa vie, nous avons la possibilité d'évoluer, de modifier notre notre manière de réagir, nos habitudes et même le cours de nos pensées. Certaines personnes restent statiques et immuables, alors que d'autres ont soif de changement et d'évolution.

Les neurosciences ont montré récemment que le cerveau avait une certaine plasticité, que l'on pouvait modifier et créer de nouvelles connexions neuronales, donc des changements d'état d'esprit et de comportement.

Les exercices que nous vous proposons vont vous aider à créer ces chemins d'évolution. Ils vous soutiendront dans cette démarche aux côtés de vos enfants.

LE STRESS À L'ÉCOLE

L'école, antichambre de la réussite sociale

Les pédopsychiatres, les psychologues pour enfants et les études arrivent tous à la même conclusion : l'école génère un stress de plus en plus important.

Les enfants sont confrontés à de multiples problèmes – parfois identiques aux nôtres – qu'ils n'ont pas la capacité de gérer.

Comme nous, les enfants ont un emploi du temps très chargé. Comme nous, ils travaillent, souvent plus de 35 heures par semaine. Ils passent au minimum 6 à 7 heures assis à l'école, statiques et silencieux, s'efforçant d'ingérer, d'intégrer des connaissances académiques parfois ardues.

L'école occupe donc une place prépondérante dans leur vie. Elle est censée leur donner des outils et des savoirs qui vont les préparer à affronter un monde en crise.

> ***Il est clair que, pour les parents, l'école est l'antichambre incontournable de la réussite sociale.***

Cet enjeu génère des tensions supplémentaires chez les enfants.

À l'instar de certains adultes qui stressent au travail, certains enfants stressent à l'école.

Si on rajoute à cela les évaluations, les brimades, la surcharge de travail, la peur du jugement des autres, le racket, et les agressions entre élèves, ce sont autant de facteurs anxiogènes qui envahissent les établissements scolaires.

On ne s'étonne plus que le stress à l'école soit plus important ou tout au moins plus notable qu'auparavant.

L'attente exacerbée des notes commence au primaire et s'amplifie dès l'entrée au collège, où elle peut même devenir obsessionnelle, supplantant de loin l'intérêt pour les matières elles-mêmes.

Les résultats des évaluations l'emportent sur la connaissance elle-même. L'école ne devient finalement qu'un passage obligé pour parvenir au bac – scientifique de préférence –, une succession ininterrompue d'épreuves, d'examens, de contrôles, d'interrogations orales, écrites, qui permettent de vérifier que l'élève est au niveau. Mais au niveau de quoi ? De qui ? Sur quels critères encore valides au XXIe siècle ? Telles sont les questions qu'il est légitime de se poser.

On remet sur la table aujourd'hui le sempiternel débat sur les évaluations : faut-il des chiffres sur 10 ou sur 20 ? Ou peut-être des lettres : A ? B ? C ? Irons-nous jusqu'à D ? À moins d'adopter un code couleur ? Jaune, orange, bleu ? On pourrait gloser à l'infini sur la modification du système d'évaluation.

Mais on reste de toute façon dans le culte de la productivité du classement et de la performance.

Car au-delà des notes, qui après tout ne sont que des chiffres, il est à nos yeux une question encore plus importante : l'attitude de l'enseignant qui accompagne l'évaluation, son commentaire, ses appréciations, ses critiques.

Car les mots sont bien plus puissants que les chiffres, sur le plan émotionnel, et l'on trouve encore trop fréquemment sur les copies et les bulletins des avis désobligeants.

Parfois même, ces commentaires sont proférés dans la classe, au milieu des élèves. Même teintées d'humour, les remarques cinglantes peuvent marquer un enfant, surtout un enfant qui doute de lui-même.

Ces élèves en difficulté, qui auraient au contraire besoin de soutien et d'encouragement, se retrouvent parfois disqualifiés par les attitudes stigmatisantes du corps enseignant.

L'école ou la culture de l'ingratitude

L'enfant qui, dès la maternelle, est soumis à des évaluations et des comparaisons, peut appréhender de ne pas réussir.

TÉMOIGNAGE

Nous avons été nous-mêmes directement confrontés à ce comportement, il y a quelques années.
Lorsque notre fils Elio est entré au CP, il avait du mal avec l'écriture. Il était gaucher et sa graphie n'était pas au niveau attendu. La maîtresse, zélée, nous a alors vivement recommandé d'aller consulter – à l'hôpital s'il vous plaît – ce que, en bons parents citoyens, nous avons fait.
Après une série de tests d'analyses et d'entretiens, le corps médical a jugé que notre enfant n'était pas atteint d'un trouble pathologique spécifique, mais que toutefois des séances chez une psychomotricienne lui seraient bénéfiques.
Sans que nous en ayons eu connaissance, la maîtresse a commencé à brimer Elio. Nous avons vu notre fils changer, devenir agité, anxieux, sans en saisir le motif. Jusqu'au jour où un de ses copains de classe nous a confié que « la maîtresse n'était pas gentille » avec Elio, qu'elle le traitait de nul et qu'elle l'avait même giflé.
Nous sommes immédiatement intervenus auprès de la direction de l'école et avons convoqué la maîtresse qui a d'abord nié les faits, puis a fini par fondre en larmes. Elle était dépassée par sa classe dont l'effectif atteignait 32 élèves.
Elio, à force d'être considéré comme « anormal » et « nul », était réellement devenu un mauvais élève qui faisait le pitre, probablement pour compenser et trouver une autre manière d'être intéressant...
Nous avons alors « coaché » notre fils, nous lui avons redonné confiance en lui et joie de vivre, avons pratiqué avec lui plusieurs exercices – que vous trouverez dans ce livre. Nous l'avons accompagné dans une réelle démarche d'épanouissement qui a été couronnée de succès tant sur le plan scolaire que sur le plan personnel.

Elio le nul, qui semblait condamné par le système, a poursuivi ses études avec brio, obtenu un bac S avec mention et vient d'être admis dans la prestigieuse université de Paris-Dauphine. C'est un ado épanoui, équilibré, heureux de vivre. Et un musicien accompli...
Cet épisode nous a donné l'occasion de nous passionner plus encore pour le monde de l'enfance et nous a incités à mettre au point des exercices et des comptines de bien-être que vous retrouverez dans l'ouvrage, ainsi que dans le conte musical sur le CD d'accompagnement.

Il a le désir de faire plaisir à l'enseignant, et plus encore à ses parents. Si les évaluations ne sont pas favorables, l'enfant se rend compte qu'il déçoit ses parents et qu'il n'est pas à la hauteur de leurs espérances, les parents transmettant souvent à leurs enfants leurs propres craintes de l'échec.

Depuis quelques années, nous avons remarqué que les enseignants de la maternelle et du primaire recommandaient fréquemment aux parents d'envoyer leur enfant chez le psychomotricien, l'orthophoniste ou l'hôpital, pour un bilan. Les parents, déjà, s'angoissent et l'enfant est alors catalogué comme un cas.

On a récemment parlé, dans les coulisses du pouvoir, de repérer les éléments turbulents dès la crèche. Pourquoi pas *in utero* ?

Les élèves en difficulté ne sont pas les seuls à être critiqués. Même les élèves bien notés récoltent des commentaires de type « peut mieux faire », « se laisse aller à la facilité », etc.

En France nous n'avons pas de culture de la reconnaissance. Dans notre pratique, nous rencontrons trop souvent des personnes en manque de confiance et d'estime. Rien d'étonnant si l'on considère qu'ils ont été « élevés » par des autorités globalement plus dévalorisantes que flatteuses, comme nous venons de le souligner.

L'école est bien plus généreuse en critiques qu'en louanges, ne tenant guère compte de ce qui pourrait aider l'enfant à devenir un adulte confiant, respecté et respectueux.

Ces enfants, une fois devenus adultes, seront recrutés, recadrés dans des entreprises où cette attitude est pérennisée par les maîtres – et contremaîtres – postscolaires : les managers ou les patrons, *padrone*, les pères, ceux à qui l'on doit allégeance...

Cette ingratitude semble faire partie de notre patrimoine national, une autre exception culturelle française.

Il est urgent de modifier cet ADN hexagonal, car ce manque de reconnaissance chronique peut conduire à la dépression. Un employé qui s'investit pleinement dans son travail et qui n'est jamais récompensé pour ses efforts ou son efficacité, peut tomber dans la mésestime de soi, prélude à la dépression ou au « burn-out ».

Le burn-out n'est pas seulement une expression à la mode, il traduit une réalité de souffrance et d'épuisement moral.

Dans notre pratique, nous croisons beaucoup de personnes qui souffrent d'un manque de reconnaissance au travail et ce, malgré leur implication et leurs résultats.

Comment font ces adultes dont la frustration est évidente pour assurer une relation sereine avec leurs conjoints et leurs enfants ? On ne peut nier que ce type de malaise pèse indirectement sur l'ambiance familiale.

Car ce n'est pas un effet du hasard si notre si douce France détient le record de consommation d'antidépresseurs et d'anxiolytiques. On n'y dénombre pas moins de 200 000 tentatives de suicide par an…

Il semble que nos habitudes sociales et culturelles nous poussent à produire et à reproduire des récriminations plus que des éloges. Il est grand temps d'inverser ce paradigme destructeur.

Il serait salutaire de s'entraîner au sein des familles et des écoles à dire du bien les uns des autres, à engager des échanges bienveillants et stimulants.

Ne sommes-nous pas trop enclins à juger, à critiquer, à nous complaire dans la médisance ? À tailler des costards plutôt qu'à dresser des couronnes ? À lancer des piques plutôt que des fleurs ?

Il semble que l'on ait des facilités à se rassembler, se retrouver sur le terrain de la rumeur et du commérage.

Pourtant, ce sont bien les encouragements et les compliments qui vont aider l'enfant, puis l'adulte, à se développer sereinement. Ce sont ces nourritures affectives et effectives qui renforcent l'estime de soi.

La critique, le blâme, surtout s'ils sont récurrents, entament le capital confiance de l'enfant, le dévitalisent et risquent de faire de lui un adulte critique, lequel à son tour jugera et blâmera son prochain, renouvelant automatiquement un modèle de comportement erroné et nocif.

Les disciplines qui aident l'enfant à se développer telles que nous les préconisons ici restent à la marge dans l'Éducation nationale.

Pourquoi ne pas enseigner dès la maternelle la gentillesse, l'empathie, l'entraide, l'harmonie du corps et de l'esprit ? Ces apprentissages pourraient endiguer les flots de haine qui se déversent ici et là.

Les enseignants qui pratiquent des disciplines de bien-être au sein de leur classe témoignent de progrès tant au niveau des résultats que de l'ambiance générale de la classe. Gageons que de plus en plus de professeurs et d'animateurs pourront adopter et adapter ces méthodes.

Nombreux sont les enseignants qui se montrent intéressés par les nouvelles approches de bien-être. Leur mission est de plus en plus difficile et, dans certains établissements, ils doivent faire face à des situations éprouvantes, des comportements agressifs. Ils auraient eux aussi bien besoin d'être épaulés et d'avoir à leur disposition des outils, des formations qui leur permettent de faire face aux problèmes qu'ils rencontrent au quotidien. Nous souhaitons qu'ils trouvent dans cet ouvrage des pistes, des clefs pour évoluer avec leurs élèves.

Nous ne pouvons clore ce chapitre sur le stress à l'école sans évoquer la charge de travail qui pèse sur les épaules et le cerveau de nos bambins, à commencer par le cartable dont le poids est aussi écrasant que les programmes.

Sur ce point, nous ne pouvons blâmer les professeurs qui sont soumis aux diktats du rectorat, mais il serait souhaitable que les « sages » qui concoctent ces programmes prennent un jour la mesure de principes de bon sens reconnus par la communauté médicale et scientifique : un enfant fatigué ne peut pas assimiler aussi bien qu'un enfant frais et dispos ; rien de mieux, pour apprendre et comprendre, que d'être reposé, car la fatigue et le stress entament les ressources physiques et intellectuelles.

Les horaires et les programmes auxquels sont soumis nos enfants sont responsables – en partie – de leur fatigue chronique et, par voie de conséquence, de leur manque de concentration et d'une certaine agitation.

L'enseignement scolaire reste fondé sur l'accumulation de connaissances pléthoriques au détriment d'instructions essentielles, d'apprentissage créatif, de pratiques corporelles et de valeurs humanistes qui pourraient contribuer au développement de l'enfant et à son ouverture sur le monde.

Il est certain que les élèves seraient alors plus motivés, que les résultats seraient moins discriminants et les phénomènes de violence certainement atténués... Car ce n'est sûrement pas en assénant des coups de langue de bois sur les valeurs de la République que l'école et ses élèves retrouveront la paix.

À ce jour, l'Éducation nationale prend peu en compte l'accomplissement de l'enfant, son potentiel, sa créativité, son humanité.

L'école de la pseudo-performance privilégie le cerveau gauche analytique au détriment du cerveau droit, créatif, intuitif, sensoriel. Les fameux tests de QI ne rendent compte que d'une partie de l'intelligence, mais ils sont devenus l'incontournable référence.

Beaucoup d'enfants se sont ainsi retrouvés évincés à cause d'évaluations et de critères dogmatiques et normatifs.

Nous sommes bien entendu favorables à l'autorité des enseignants qui, souvent, est mise à mal. Cette autorité est indispensable et nécessaire, comme toute autorité, à la condition qu'elle soit juste et bienveillante.
Bienveillance n'étant nullement synonyme de laxisme.

Pour nous, il est clair que les enseignants ne peuvent se substituer aux parents et encore moins remplacer un père et parfois une mère qui fait défaut de présence ou d'éducation. On a tendance à vouloir déresponsabiliser les familles, mais c'est aux parents de veiller sur leurs enfants, de leur passer le relais et de faire en sorte qu'ils deviennent au minimum des êtres équilibrés et fraternels. Et au passage, d'encourager les professeurs de nos enfants à adopter une attitude positive.

On ne peut pas tout attendre de l'école et du corps enseignant qui a déjà fort à faire, mais on devrait pouvoir compter sur leur bienveillance.

Nous sommes conscients que de trop nombreuses familles sont en difficulté, mais des difficultés il y en a toujours eu. En des temps pas très éloignés – et malgré les problèmes qu'ils rencontraient (vie laborieuse, manque d'argent) –, les parents tenaient leur rang et assumaient leurs responsabilités, leur rôle de parents. Il est vrai qu'aujourd'hui les couples et les familles sont souvent éclatés, éparpillés et qu'il est certes plus ardu d'élever un enfant en solo ou un enfant « déplacé »...

Un problème à l'école ? Que faire ?

Il ne faut pas laisser s'installer un problème ou un conflit avec un professeur, car celui-ci doit être un allié, un compagnon pour l'enfant.

Il est bon de le rencontrer, de lui parler, de l'impliquer si votre enfant a des difficultés.

En cas de différend entre le professeur et l'enfant, il est nécessaire de prendre rendez-vous au plus vite pour ne pas laisser s'instaurer un malaise plus conséquent encore.

Soyez réceptifs et attentifs aux propos du professeur, comme nous comme nous aimons souvent le répéter : l'écoute est le prélude à l'entente.

Ne commencez jamais une discussion par un reproche, sinon vous risquez de couper la communication dès le départ. Le professeur a les mêmes intentions que vous : il veut bien faire, mais ne sait pas toujours comment s'y prendre pour cela. Tout comme vous, il peut commettre des erreurs comme on l'a noté plus haut. Et si la faute vient de votre enfant, alors il faut organiser un rendez-vous à trois pour recréer le lien.

Nous allons terminer ce chapitre en évoquant une autre cause de stress, qui n'en a pas l'apparence, celle des écrans.

La tyrannie des écrans

Nos enfants sont de plus en plus en plus accaparés par les écrans (télévision, téléphones mobiles, tablettes, ordinateurs, consoles de jeux vidéo...). Des appareils chronophages qui peuvent occasionner une fatigue oculaire, des troubles du sommeil et du comportement, ainsi que des phénomènes d'accoutumance. Il est certain que leur utilisation intensive est dangereuse pour l'équilibre des enfants et dégrade leur capacité d'attention, de concentration.

Une partie de ces troubles pourrait être due aux ondes électromagnétiques émanant desdits appareils. Ces ondes déstabilisent, excitent et altèrent notre ancrage, notre alignement corps esprit, modifiant notre fréquence originelle.

Nous sommes traversés par les ondes électromagnétiques. Ces ondes sont celles qui proviennent de technologies qui justement sont censées nous faire gagner du temps, mais qui en réalité nous désorientent, nous désaxent et, au final, risquent de nous en faire perdre beaucoup.

Il faut tenir compte du fait que le cerveau des enfants est plus vulnérable que celui des adultes.

La pénétration du rayonnement électromagnétique d'un portable dans le cerveau est bien plus importante chez un enfant que chez un adulte. Ceci s'explique par la dimension plus petite du crâne, mais également par une perméabilité plus importante de la boîte crânienne de l'enfant.

Nous effectuons depuis de nombreuses années des recherches sur les vibrations, sur l'impact des sons sur la détente et le stress, et nous concevons des programmes qui permettent de se ressourcer, d'harmoniser ses énergies, de se retrouver sur la bonne fréquence.

Stratégies

Comme nous venons de le voir, l'enfant peut être soumis à de multiples facteurs de stress : stress environnemental, stress parental, stress scolaire, stress personnel, abus d'écrans.

Nous allons, dans les pages suivantes, vous donner des conseils, vous proposer des exercices qui vont permettre à votre enfant d'apprivoiser son stress et de faire face aux différentes situations de la vie quotidienne en vous aidant à les accompagner dans cette démarche.

Si le conte musical du CD d'accompagnement est plus particulièrement destiné aux enfants, le livre s'adresse à vous, parents.

Il vous indique les exercices à proposer à votre enfant, selon ses besoins, pour l'aider à vaincre les obstacles qu'il rencontre dans la vie quotidienne et gérer ses émotions.

Comme nous l'avons recommandé, vous pouvez faire les exercices avec votre enfant, il n'en sera que plus heureux et vous aussi !

Être un bon parent, c'est aussi s'occuper de soi. Nous pensons aux mamans qui travaillent et qui doivent, de surcroît, s'occuper des enfants et de la maison. Elles ont lourd à porter sur leurs épaules et besoin également d'être soutenues. Alors n'hésitez pas à faire les exercices avec vos enfants et relaxez-vous avec eux !

NOTRE MÉTHODE : LA SOPHROLOGIE CRÉATIVE

Aujourd'hui, dans un monde de tumulte et de troubles où le temps s'accélère, adultes et enfants sont soumis à de multiples pressions et stress.

L'adulte, lui, peut consciemment chercher à modifier les agents stressants et partir en quête de techniques, de disciplines lui permettant de vivre en meilleure harmonie avec son environnement, son moi, ses aspirations.

L'enfant, pour sa part, doit passer par l'adulte pour se développer et trouver son équilibre, et c'est pourquoi il nous appartient de mettre à sa disposition des outils simples, ludiques, efficaces qui l'aideront à s'épanouir.

La sophrologie telle que nous la concevons, créative, dynamique et ouverte, fait partie de ces outils et ses bienfaits sont multiples.

NOS FONDATIONS

Notre sophrologie créative repose sur les techniques de respiration, de visualisation, de relaxation dynamique et bien entendu sur la prise de conscience du corps et du mouvement.

Nous l'avons enrichie par des apports issus de disciplines cousines telles que le yoga, le qi gong ou la méditation, et bien entendu par notre imaginaire et notre sensibilité artistique et musicale.

C'est pourquoi nous nommons notre méthode : la sophrologie créative...

Dans un premier temps, la sophrologie va favoriser le développement global, moteur, affectif, intellectuel et social de l'enfant, grâce à la maîtrise de son schéma corporel, de ses mouvements, de ses cinq sens, de ses fonctions physiologiques (prise de conscience de la respiration, de la circulation) et de ses facultés mentales (concentration, mémoire, imagination).

Dans un deuxième temps, elle va participer à l'épanouissement de sa personnalité grâce à un élargissement progressif de son champ de conscience sur ses proches, les autres, le monde, l'univers, ce qui le conduira à rechercher l'équilibre dans les rapports humains.

Par ailleurs, la visualisation de situations diversifiées va l'aider à se structurer.

Notre sophrologie créative va donc au-delà de la simple détente, elle peut être un support pédagogique très appréciable pour les parents, les enseignants, pour tous ceux qui côtoient le monde de l'enfance.

Dans cet ouvrage et ce CD, nous allons vous proposer des pratiques simples, ludiques, qui vont permettre aux enfants de trouver un équilibre, de se détendre, de devenir plus autonomes, plus confiants, et de développer leur capacité d'attention.

Nous recommandons également de faire ces pratiques en musique pour ancrer leur mémorisation et faciliter l'apprentissage.

Chaque chapitre correspond à une problématique donnée, vous trouverez des conseils et des exercices en relation avec les principales situations auxquelles les parents et les enseignants sont confrontés.

Ce livre ne prétend pas être exhaustif et nous avons éliminé délibérément les problématiques pathologiques qui nécessitent un suivi médical.

Les problématiques abordées ici sont celles sur lesquelles nous avons été le plus souvent questionnés : mon enfant a des problèmes de sommeil, mon enfant a du mal à se concentrer, mon enfant est agité, stressé, mon enfant est triste…

Les enfants qui adoptent les pratiques de bien-être telles que la sophrologie n'ont pas besoin de prouver leurs talents, d'établir des rapports de force et de lutte de pouvoir.

Ils sont animés de sentiments empathiques dont la violence ou la haine sont exclues.

Notre sophrologie créative, pratiquée dès le plus jeune âge, met l'enfant en phase avec lui-même, avec ses rythmes internes, avec son environnement.

Si nous voulons aider les enfants à se relaxer et à gérer leurs émotions, il faut nous-même apprivoiser notre stress et expérimenter ces pratiques. C'est en effet à nous, adultes, d'insuffler ce courant de bien-être, de transmettre à nos enfants une belle énergie et de créer autour d'eux un environnement de confiance.

LA NEUROPLASTICITÉ DU CERVEAU

Une pratique régulière de la sophrologie créative à l'instar de la méditation modifie les connexions neuronales. Dans le cerveau, les informations circulent sous forme de messages électriques – appelés influx nerveux – de neurone en neurone.

Notre cerveau évolue sans cesse. Pour cette raison, on dit que le cerveau est « neuroplastique ».

L'étude scientifique de l'activité cérébrale par l'imagerie médicale, en particulier par résonance magnétique (IRM), montre qu'en peu de temps, le cerveau est capable de se réorganiser pour améliorer nos émotions, nos pensées, nos actions.

La pratique régulière de notre méthode de sophrologie va créer de nouveaux chemins, de nouvelles connexions, plus facilement encore chez les enfants qui n'ont pas des habitudes aussi ancrées que les adultes.

Des enfants qui se sentent bien dans leur peau, sereins, contribueront à rendre notre monde meilleur, plus juste et moins violent.

COMMENT PRATIQUER ?

Il ne faut surtout pas considérer ces exercices comme des devoirs, des figures imposées.

Ce sont des pratiques ludiques que les enfants auront plaisir à effectuer, mais qui peuvent au départ susciter – chez certains – une légère résistance si elles ne lui sont pas présentées comme des jeux, mais comme des contraintes.

Nous pensons qu'une approche trop didactique pourrait s'avérer contre-productive, l'apprentissage du bien-être doit rester, pour les enfants, plaisant et non coercitif.

Ces pratiques sont faites pour ancrer dans notre vie quotidienne des habitudes agréables. Elles vous permettront progressivement de mieux communiquer avec votre enfant, de vous retrouver sur une même longueur d'onde.

Une bonne entente et une bonne communication installées dès l'enfance ont des chances de perdurer pendant l'adolescence, les problèmes avec les ados proviennent souvent d'une mauvaise communication ou de malentendus restés en suspens.

Avec cette volonté d'être pratique et concret, nous proposons dans ce livre des exercices, des jeux qui répondent aux besoins réels des parents et des enfants, des pratiques qui impacteront réellement sur votre vie quotidienne et celle de vos enfants.

Il est important de créer un environnement serein pour la pratique, donc faites le calme dans la pièce : débranchez vos téléphones, éteignez vos portables et si possible les appareils électriques, baissez l'intensité de la lumière, au besoin tamisez-la.

Les enfants apprenant surtout par l'exemple, efforcez-vous d'être vous-même calme et détendu pour l'activité. Nous rappelons qu'une voix posée est souhaitable pour transmettre ces pratiques.

Si votre enfant n'adhère pas tout de suite à vos propositions, ne le pressez pas, ne lui demandez pas de se calmer sur un ton péremptoire.

Répétez le même exercice plusieurs fois afin que l'enfant se sente à l'aise et le mémorise. De plus, cette répétition lui permettra de se sentir rassuré, car c'est la répétition, tant appréciée des enfants, qui les aide à se structurer.

Certains exercices peuvent être utilisés pour différentes situations émotionnelles. (Voir table des matières.)

QUAND PRATIQUER ?

Le soir ou le week-end, dès que vous vous sentez disponible, sans pression.

Les enfants seront heureux de sentir que vous leur accordez du temps, de votre temps.

Commencez par des séances assez courtes. Au fur et à mesure de l'apprentissage et selon l'âge des enfants, vous pourrez allonger cette durée.

Pour les enfants en bas âge, nous recommandons de commencer les séances par des pratiques en mouvement, réservez les pratiques statiques ou méditatives pour la fin.

LA MUSIQUE, LA VOIX

L'être humain est sonore. Nous avons perçu le monde extérieur dès le troisième mois de notre vie *in utero* grâce à notre ouïe. Les sons, les voix nous sont parvenus feutrés, filtrés par la paroi abdominale et le liquide amniotique.

C'est cette écoute particulière qui a inspiré nos recherches vocales et musicales.

Lors de nos enregistrements nous avons traité les sons, les musiques et parfois les voix, en les filtrant afin qu'ils soient un rappel du cocon maternel de notre vie fœtale si sécurisante, dans la plupart des cas.

Le bruit

Il faut garder à l'esprit que lors de notre existence prénatale, nous avons vécu dans l'obscurité et dans un environnement sonore tamisé.

C'est la raison pour laquelle le bruit reste un facteur de stress prééminent, même si nous n'en avons pas toujours conscience. Les bébés, les enfants en bas âge ont donc particulièrement besoin de retrouver des ambiances apaisantes, des voix douces – comme celle de leur maman. Nous conservons dans notre inconscient cette mémoire fœtale, cette quête de quiétude.

Les vibrations sonores sont converties en influx nerveux. Cet influx parcourt ensuite le nerf auditif pour finalement être analysé par le cortex auditif cerveau. C'est la raison pour laquelle une voix et une musique relaxante peuvent nous apaiser quasiment instantanément, modérant notre rythme cardiaque et notre système sympathique.

Le bruit a de nombreux effets néfastes sur notre santé. Il peut entraîner des maux de tête, du stress et de la nervosité, de la fatigue et des insomnies, ou encore une augmentation du rythme cardiaque et de la tension artérielle, des troubles digestifs et des contractions musculaires.

Plus tard, les adolescents – pour trouver, prouver leur autonomie et rompre le cordon – rechercheront des ambiances frénétiques, bruyantes, des musiques plus agressives, rock ou électro. C'est un fonctionnement qui n'a rien d'alarmant et qui sert d'exutoire ; vous êtes peut-être passé par cette étape il n'y a pas si longtemps...

En revanche, si ce besoin excessif de bruit et d'agitation perdure à l'âge adulte, il peut être symptomatique d'une crainte de se retrouver face à soi-même, le silence devenant alors trop confrontant, trop... bruyant.

En résumé, pour conserver une ambiance paisible à la maison, nous déconseillons vivement aux personnes qui entourent les petits d'élever la voix, car les cris, les bruits agressent les enfants et provoquent un stress pernicieux.

La voix

D'autre part – et nous y reviendrons –, les cris appellent les cris. En criant, vous allez susciter de l'énervement chez l'enfant qui en fera de même par ricochet. C'est un cercle vicieux qui se met fréquemment en place, en famille.

Élever la voix, hausser le ton n'est pas un signe d'autorité. Au contraire, cela traduit une vulnérabilité au même titre que la violence.

On peut avoir de l'autorité sans être contraint de vociférer pour se faire entendre ou comprendre, y compris au sein d'une classe.

Si vous criez après votre enfant vous risquez de l'effrayer ou de provoquer un repli qui peut muter en une peur chronique de s'exprimer, ou il peut – comme précisé plus haut – vous imiter et se mettre à crier à son tour, créant ainsi un processus d'exaspération réciproque basé sur un rapport de force épuisant.

Parfois c'est l'anxiété de la maman, sa peur de mal faire qui la rend nerveuse et qui la fait crier. C'est une façon pour elle d'extérioriser sa peur, mais cette attitude est également contre-productive.

Les enfants sont très sensibles aux voix, mais également à la musique. C'est d'ailleurs la raison pour laquelle nous associons souvent le chant et la musique aux pratiques de bien-être, comme dans le conte musical qui vous est proposé.

Ces pratiques en musique permettent à l'enfant de se les approprier aisément et de les mémoriser, tout en bénéficiant des vibrations de la musique et du mouvement qu'elle induit et inspire.

Les enfants adorent écouter les mêmes musiques, les mêmes chansons, avec cet aspect structurant de la répétition que nous avons déjà évoqué. C'est d'ailleurs ainsi que les mantras fonctionnent en méditation.

Nous devons à Daniel Stern le principe de l'« accordage affectif ».

La maman prononce un son pour s'accorder avec un geste répétitif de son bébé.

Celui-ci communique alors avec sa mère par une mimique.

Tous les progrès de l'enfant reposent sur ces interactions dans lesquelles il est, à la fois, récepteur et émetteur. C'est une association affective qui se crée par l'alliance du son et du mouvement.

LE CD

Plage n°1 du CD : *Petit Tom au pays de Séréna*

Auteurs : Laurent Stopnicki, Sandra Stettler, Carole Serrat

Compositeur : Laurent Stopnicki

Petit Tom au pays de Séréna est un conte musical relaxant et interactif, raconté par Carole Serrat et joué par plusieurs comédiens. Il contient une musique originale et des pratiques de bien-être en chansons qui vont faciliter l'intégration de la détente.

Aujourd'hui, c'est un grand jour pour Petit Tom : c'est son anniversaire, il vient d'avoir 7 ans… et à 7 ans, on est déjà un grand ! Alors sa maman lui confie pour la première fois les clés de la maison. À la sortie de l'école, Petit Tom jongle fièrement avec le trousseau. Mais soudain, voilà que les clefs lui échappent et tombent dans le ruisseau qui longe la route, mais il court, il court, le cours d'eau et il emporte ses clefs bien loin…
Affolé, Petit Tom part à leur recherche.
Sa quête va entraîner notre petit héros dans des aventures fantastiques et pleines de rebondissements.
Il va croiser des personnages drôles, attachants (professeur grenouille, l'arbre à coucous, rose d'amour…) qui vont l'aider à accomplir sa mission. Pour cela, ils vont lui montrer de manière ludique (et en musique) des techniques simples de relaxation et de self-control (comment respirer, se calmer, se sentir plus fort, ne plus avoir peur).

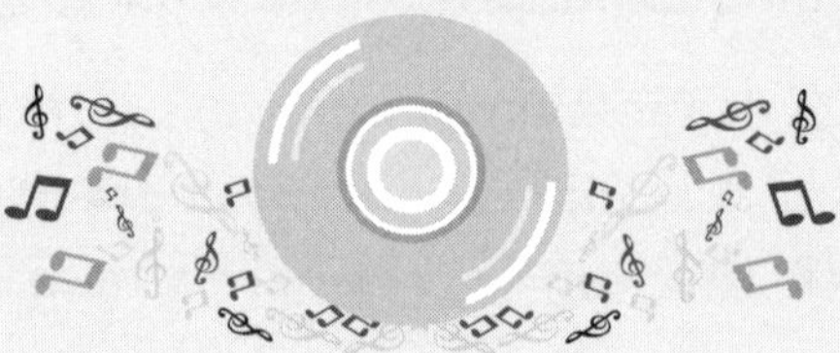

De cette rencontre avec un monde imaginaire et musical naîtra, chez l'enfant qui écoute, le désir d'utiliser ces méthodes dans son quotidien.

La musique jouant dans ce cadre un rôle émotionnel de premier plan, elle va faciliter la compréhension et la détente.

C'est au contact de la nature et des personnages qui la représentent que Petit Tom, enfant agité et distrait, va accomplir sa mission, se transformer et acquérir une confiance en lui.

Grâce à ce conte interactif, l'enfant apprendra en toutes circonstances à se calmer, se maîtriser, se remplir d'énergie, se préparer à un contrôle, s'endormir rapidement.

Des aptitudes dont les parents et les enseignants ont incontestablement de plus en plus besoin.

Partie 2 :

NOS SÉANCES DE SOPHROLOGIE POUR LES ENFANTS… ET LEURS PARENTS !

MON ENFANT N'EST PAS À L'AISE AVEC SON CORPS

Il est important que l'enfant sache ce qui se passe dans son corps et soit conscient de son « schéma corporel ».

Cette prise de conscience participe à son bon développement cognitif ainsi qu'à l'élaboration de son autonomie.

Le schéma corporel, c'est la représentation que chaque individu se fait de son corps. Elle se construit en apprenant à bien respirer et à bien bouger dans l'espace.

UN APPRENTISSAGE ESSENTIEL

L'acquisition du schéma corporel permet d'établir les limites du corps et de ressentir ce qu'on appelle la « globalité corporelle ». Votre enfant prend conscience de sa singularité et de son unicité.

C'est une étape essentielle car elle influence la motricité de l'enfant : son aisance, son équilibre, son habileté manuelle ou encore sa capacité à se situer dans l'espace.

Pour les spécialistes, la conscience de la globalité corporelle n'est considérée comme pleinement atteinte qu'à partir de 6 ans.

Un enfant bien dans son corps aura confiance en lui.

La pratique de la sophrologie permet aux enfants de découvrir la possibilité de grandir autrement, c'est-à-dire d'intégrer des aptitudes à se détendre, à se relaxer, et de reconnaître les bienfaits de cette détente sur le corps.

L'enfant peut ensuite agir en pleine autonomie et apaiser d'éventuelles tensions.

TÉMOIGNAGE

Noémie, 10 ans, s'imagine qu'elle est trop grosse, et n'a pas une bonne image d'elle-même.
Afin de réhabiliter son estime d'elle-même, nous l'avons accompagnée pour qu'elle puisse se débarrasser de ses complexes : décharge du négatif, douche sèche, afin qu'elle puisse s'accepter et s'aimer. (Voir les exercices de « Pratiques pour renforcer la confiance », p. 100.)

Voici quelques exercices ludiques, faciles à réaliser, qui vont l'aider à développer l'équilibre et la coordination. Ils vont lui permettre également de prendre conscience de son corps et l'accompagner dans la mise en place de son schéma corporel.

CONSCIENCE DU CORPS

Découvrir la pesanteur

Cette notion de pesanteur, ou d'attraction terrestre, va aider l'enfant à découvrir l'équilibre. On utilise cet exercice, qui est la base de la visualisation, pour « ancrer » le corps (chapitre concentration). Et être plus à l'aise dans son corps.

> Tu es debout.
> Les bras le long du corps.
> Ton corps est de plus en plus lourd.
> Tu sens que ton corps penche en avant, en arrière.
> Tu essaies de ne pas tomber.
> Tu te balances d'avant en arrière…
> Est-ce que ça bouge ? Ou pas ?
> Jusqu'où peux-tu aller pour ne pas tomber ?
> Comment fais-tu pour ne pas tomber ?

Lui nommer ce qu'il sent :

> Est-ce que tu sens ce qui se passe dans ton corps ?
> Comment c'est dans tes pieds ?
> Comment c'est dans tes jambes ?
> (Etc.)
> Où est-ce que c'est lourd ?
> Où est-ce que c'est mou ?
> Où est-ce que c'est dur ?
> Qu'est-ce que tu peux faire pour être en équilibre ?
> Comment rattrapes-tu le déséquilibre ?
> Où est-ce que ça tient bien ?
> Où est-ce que cela tire ou pousse ?
> (Etc.)

CONSCIENCE DU MOUVEMENT

La poupée de chiffon

Cet exercice permet à l'enfant de vivre la présence de son bassin, ce lieu secret et sacré qui le ramène à la dimension biologique de son corps, à son origine, à sa naissance.

Mouvement de libération dans l'espace, conscience du diaphragme, décontraction, relâchement et amplitude du bassin.

> Commence par souffler, souffler, souffler.
> Après avoir expiré complètement, laisse l'air rentrer à nouveau naturellement dans le ventre, la poitrine, et jusqu'en haut, sous les épaules. Puis bloque ta respiration.
> Fais tourner ton bassin d'un côté, puis de l'autre, comme si tu voulais regarder derrière toi…
> Ne fais bouger que les hanches : tes bras pendent le long de ton corps et suivent le mouvement.
> Essaye de garder ton corps souple comme si tu étais une poupée de chiffon !
> Après quelques mouvements, reprends ta respiration naturelle.

La balle sous le dos

Le dos est une partie du corps peu sollicitée et peu connue de l'enfant.

Par cet exercice, il va prendre conscience de cette partie du corps, utiliser la musculature de son dos.

La concentration sur le déplacement de la balle va l'aider à se calmer et à se détendre.

> Tu es allongé au sol sur le dos, les jambes repliées, les pieds bien à plat sur le sol.
> Maintenant, je vais placer une balle de mousse entre ton dos et le sol, le long de ta colonne vertébrale.
> Le jeu consiste à faire avancer ou reculer lentement cette balle le long de ton dos.
> Après avoir fait cet exercice, reste allongé un moment et ferme les yeux pour sentir l'effet que cet exercice a produit.

Il est important de laisser à l'enfant le temps de « ressentir » et de le guider pour l'aider à se concentrer sur ses sensations.

Le flamant rose

Cette pratique développe la proprioception et l'équilibre, et favorise également la concentration.

La proprioception, ou sensibilité profonde, est la perception, consciente ou non, de la position des différentes parties du corps.

> Pose tes mains sur tes hanches.
> Imagine que tu es un flamant rose.
> Tes bras sont des ailes que tu peux plier et déplier à volonté.
> Essaie de te tenir bien droit, en équilibre sur un pied.
> Balance ta jambe libre en avant et en arrière, deux fois.
> Avec cette jambe libre, tu peux aussi dessiner des figures.
> Expérimente l'équilibre sur chaque pied, l'un après l'autre, en gardant la tête bien droite pendant l'exercice.
> Dans le même temps, tiens ton regard au loin devant, comme si tu observais des bateaux qui glissent sur l'eau.

Le flamant rose : pour aider à la perception des différentes partie du corps

CONSCIENCE DE LA RESPIRATION

La première action autonome d'un nouveau-né est un cri.

Ce premier cri est notre toute première expérience de la respiration.

La respiration connecte l'homme avec le ciel et la terre. Dans la culture traditionnelle indienne, la respiration est le *prāna*, un terme qui signifie « énergie vitale » en sanscrit.

La vie existe et se maintient grâce à la respiration.

La respiration constitue la première étape pour bien détendre le corps. Elle favorise l'apaisement physique et l'éveil des capacités psychiques du cerveau.

Notre manière de respirer découle directement de nos émotions.

Lorsque nous sommes sous pression, soumis à un stress, notre respiration devient courte, rapide et haute.

Lorsque nous sommes relaxés, notre respiration est au contraire lente et profonde, et se situe au niveau du ventre.

Une respiration calme, profonde, qui vient du ventre, apaise tout l'organisme.

TÉMOIGNAGE : LE STRESS DES INTERROS

Alain, 7 ans, stresse, perd ses moyens, bafouille avant les interros. En faisant plusieurs séances de sophrologie, il a appris à respirer par le ventre, à déstresser et, juste avant de passer ses interros, il pratique l'exercice de la paille, un exercice qui lui permet de prendre conscience du souffle de manière amusante et de déstresser en quelques secondes.

La respiration abdominale

Nous proposons à l'enfant de pratiquer la respiration abdominale.

Respirer par le ventre est un réflexe de santé.

La respiration abdominale est la respiration du nouveau-né.

C'est dans le ventre que se concentrent nos besoins les plus élémentaires, mais aussi nos émotions...

Une respiration calme, profonde et complète, procure une relaxation profonde à tout l'organisme.

> Allonge-toi sur le sol et pose tes deux mains sur ton ventre pour bien sentir ta respiration.
> Tu peux aussi poser sur ton ventre ton doudou, ou un autre petit objet, ou encore un bateau en papier...
> Tu inspires par le nez en gonflant ton ventre comme si celui-ci était un ballon, et tu te remplis de calme.
> Puis tu expires (tu souffles) le plus lentement possible en rentrant ton ventre, comme si tu dégonflais le ballon.

On élimine ainsi le stress, les tensions.

> Tu recommences : inspire, remplis-toi de calme, de joie.
> Expire le plus lentement possible, expulse ce qui te stresse et t'énerve.

CONSCIENCE DU TOUCHER

Le sens du toucher : le toucher est probablement le sens le plus indispensable à la survie de l'être humain.

Il nous permet le contact avec l'environnement et fonctionne comme un système d'alarme naturel.

Sans le toucher, il nous serait impossible de faire la distinction entre un lieu dangereux et un lieu sûr.

Le sens du toucher est dû à la présence de nombreux récepteurs et corpuscules situés sous la peau.

Chacun d'entre eux a une tâche particulière et répond à la chaleur, au froid, à la pression ou à la douleur.

La « douche sèche »

Les mains sont reliées au cerveau et en les frottant, on réveille subtilement ce dernier.

Cet exercice est idéal pour prendre conscience de son corps en le revitalisant.

> Tu frottes tes mains l'une contre l'autre, paume contre paume.
> Puis tu parcours ton corps avec tes mains, comme si tu avais un gant de toilette ou une grosse éponge dans chaque main et que tu te lavais vigoureusement le corps :
> – tu frottes les clavicules sous le cou, les bras, sur la face externe en descendant de l'épaule vers la main, et sur la face interne en remontant de la main vers l'épaule... ;
> – tu frottes la base de ton crâne, ta nuque...
> Tu bouges la tête dans un sens, puis dans l'autre, tout doucement...

Tu peux sûrement sentir le léger étirement de tes muscles qui se sont échauffés.

> Maintenant tu frottes chacune de tes jambes, de la hanche jusqu'au bout du pied, face externe et face interne.
> Puis tu refais la même chose dans le sens inverse, en partant du pied...

Et voilà : tu viens de pratiquer une « douche sèche » dynamisante !

CONSCIENCE AUDITIVE

L'être humain est « sonore ».

Dès le troisième mois de notre vie utérine, nous avons perçu le monde extérieur. Grâce à notre ouïe, les sons, les voix nous sont parvenus, feutrés et filtrés par la paroi abdominale et le liquide amniotique.

Cette écoute a inspiré nos recherches vocales et musicales.

Lors de nos enregistrements, nous traitons les sons, les musiques et parfois les voix avec des filtres afin d'évoquer, de rappeler à l'auditeur ce cocon maternel si sécurisant.

Plus tard, les enfants ont besoin d'entendre une voix rassurante leur conter une histoire avant de dormir.

> On se met dans une pièce la plus calme possible, et on ferme les yeux. Comme un animal dans la forêt, on essaie de percevoir les moindres bruits et de les identifier : des voisins qui discutent, des oiseaux qui gazouillent, le sifflement du vent, un bruit de tuyauterie ? On essaie d'entendre encore « plus loin » que d'habitude. Combien de sons différents entends-tu ?

MON ENFANT EST AGITÉ, NERVEUX

De nombreux parents se plaignent d'avoir des enfants agités, nerveux...

Nous ne parlerons pas ici des enfants hyperactifs dont la pathologie a été diagnostiquée et qui doivent être pris en charge par un médecin ou un pédopsychiatre. Encore que les exercices que nous proposons dans cet ouvrage puissent assurément leur être bénéfiques.

Avant tout, il est indispensable de parler avec votre enfant pour comprendre ce qui l'agite et le trouble. Un enfant peut être agité parce qu'il manque de sécurité, d'encadrement ou d'affection.

Parfois, l'enfant agité et turbulent est pris au piège de son image, de son personnage, et plutôt que de le punir à travers et souvent à tort, il est préférable de saisir l'origine de son malaise (école, situation, séparation).

D'autant que l'agitation peut être la manifestation d'un état anxieux. Nous y reviendrons plus tard.

Certains enfants agités peuvent mal se conduire, faire des bêtises uniquement pour attirer l'attention. Si cette manœuvre fonctionne, alors ils n'hésiteront pas à la pérenniser, l'indifférence étant intolérable pour les petits, mais aussi pour les grands, pour les animaux et même pour les végétaux...

Un enfant agité aura du mal à se poser et fuira naturellement les activités « calmes », car il n'aura alors pas l'impression d'exister.

Donald Winnicott, le célèbre pédopsychiatre, a déclaré qu'une faille dans le « holding » pouvait être une cause d'instabilité et d'agitation chez l'enfant.

LE « HOLDING », QU'EST-CE QUE C'EST ?

C'est le fait de tenir, de contenir : la mère soutient l'enfant par ses soins, sa protection, ses bercements. Elle le « contient », « l'enveloppe ».

Le holding, c'est aussi la façon dont on porte, dont on cadre un bébé, un petit enfant, en rappel de la contenance de la vie prénatale. Selon D. Winnicott, un holding insuffisant ou insécurisant peut générer une agitation persistante.

C'est une explication troublante qui aura eu le mérite, en son temps, de sensibiliser les parents au fait que le nourrisson est une personne à part entière.

CONSEIL EN +

Chez un enfant agité, il est fondamental de développer le sentiment d'estime de soi et de mettre en avant ses qualités. Démonstration de tendresse, gestes affectueux, massages, lui apporteront calme et sécurité.

Nous avons déjà évoqué plus haut le fait qu'une agitation puisse être le signe d'une forme d'anxiété ou de stress pas forcément décelable car non exprimée.

Il existe une « culture familiale » des émotions et les enfants réagissent souvent à la manière des adultes qui les entourent.

L'enfant a besoin des adultes pour apprendre à gérer ses propres émotions.

Il arrive parfois que les parents transmettent à leurs enfants, sans le vouloir, leurs peurs et leurs angoisses. Nos enfants, que l'on pourrait qualifier d'enfants éponges, absorbent nos émotions et s'en imprègnent.

Les enfants turbulents ont besoin qu'on les cadre. Ils cherchent souvent à tester les limites de l'adulte, surtout si celui-ci a tendance à établir des règles qu'il a de la peine à appliquer. Rien n'est plus déstabilisant pour un enfant que d'obéir à des règles dont la justification lui échappe, surtout si celles-ci peuvent être remises en cause.

LES FACTEURS DE STRESS CHEZ L'ENFANT

La séparation ou le divorce – surtout si l'un des deux parents n'est pas consentant – reste une cause majeure de stress, en particulier chez les tout-petits qui n'ont pas encore les moyens d'exprimer verbalement leurs émotions et qui sont contraints de les intérioriser.

Nous ne pouvons ici entrer dans le détail de ce sujet qui mériterait un ouvrage complet à lui seul, mais nous vous rappelons quelques principes fondamentaux pour éviter de nuire à l'équilibre de l'enfant :

- protéger et respecter sont les deux pôles essentiels de l'éducation affective ;
- ne pas impliquer un enfant dans un différend conjugal ;
- ne pas le prendre à témoin ;
- s'efforcer de ne pas donner tort à l'autre parent, surtout en son absence (« *ta mère a vraiment un sale caractère* », « *ton père n'a aucun sens des affaires* »).

Les enfants de parents divorcés sont obligés de se plier aux contraintes d'une garde alternée parfois complexe et en subissent les aléas. Il est inutile d'en rajouter.

Le couple doit également adopter une position claire et commune face à l'enfant, et donc s'entendre sur les directives, car les avis discordants déstabilisent l'enfant et peuvent contribuer à sa nervosité.

LA CRAINTE DE NE PAS RÉPONDRE AUX ATTENTES DES PARENTS

TÉMOIGNAGE

Aline a 6 ans et est un peu ronde. Sa maman, elle, est très mince. Son papa se moque souvent d'elle. « Rentre ton ventre, on dirait une bonbonne ! »
Cependant, elle aimerait beaucoup faire de la danse classique. Son père lui dit : « Quand tu auras minci, tu auras le droit de faire de la danse. »
Aline s'est arrêtée de manger pour mincir et un jour, à l'école, elle s'est trouvée mal. Bien sûr elle a maigri, mais au détriment de sa santé. Elle commençait à devenir anorexique.
J'ai travaillé avec Aline, mais aussi avec son papa pour qu'il comprenne qu'il avait mis une pression trop forte sur sa fille et que la danse serait très bénéfique pour elle.
Aline a démarré la danse, elle s'est sentie mieux dans son corps et a minci naturellement.

Les enfants peuvent être stressés lorsqu'ils ont le sentiment de ne pas être à la hauteur des espoirs de leurs parents.

Les parents idéalisent souvent leurs enfants et projettent sur eux des ambitions ou des rêves qu'eux-mêmes n'ont parfois pas pu réaliser. Beaucoup d'entre eux aimeraient que leurs enfants soient performants dans tous les domaines, et cette attente en forme d'exigence peut générer de l'anxiété chez l'enfant qui appréhende de les décevoir.

Il est primordial pour un petit enfant de plaire à ses parents, et il peut se sentir fautif de ne pas répondre à leurs attentes.

Nous avons déjà évoqué les autres facteurs de stress : les peurs et les phobies, les problèmes à l'école (surcharge d'apprentissage, pression, stress de performance, violence sociale) et il peut hélas survenir des problèmes bien plus graves tels que la maladie, la mort d'un proche que nous ne pouvons aborder dans cet ouvrage.

En dehors des pratiques quotidiennes que nous vous proposons, il est important de faire pratiquer un sport à ces enfants agités, afin de leur permettre de se décharger de leurs tensions nerveuses.

Nous recommandons particulièrement les arts martiaux qui sont excellents pour canaliser l'énergie, et nous suggérons également de les initier à des activités créatives en phase avec leurs aptitudes : musique, peinture, sculpture, ou toute autre discipline qui leur permet de s'exprimer...

Ce sont des activités qui vont l'aider à se centrer, mais aussi à s'affirmer, à se montrer sous un jour plus gratifiant.

Les exercices que nous allons vous proposer sont très efficaces. Ils vont apaiser les tensions de l'enfant et lui procurer un calme physique et mental.

Nous en recommandons la pratique régulière, car la répétition d'une action a un effet structurant sur l'enfant et peut créer un réel changement de comportement en générant de nouvelles connexions neuronales.

Peu à peu, votre enfant prendra goût à ces pratiques et appréciera le bien-être qu'elles lui procurent.

Il faut aborder ces exercices avec légèreté, sans mettre de pression à votre enfant, sans crainte ni contraintes, et sans attendre à tout prix un résultat immédiat.

Les réactions de ces enfants à nos propositions peuvent varier : certains vont immédiatement adhérer, alors que d'autres pourront se montrer sur la défensive, voire moqueurs.

C'est la raison pour laquelle nous avons choisi d'aborder ces pratiques de façon ludique.

Vous pouvez pratiquer avec votre enfant les exercices de ce chapitre. Nous vous recommandons vivement de les accompagner d'une musique douce qui mettra d'emblée l'enfant en condition et pourra l'inspirer tout en l'apaisant.

Les enfants agités ne vont pas d'eux-mêmes aller vers des activités de relaxation qui leur feront pourtant le plus grand bien une fois qu'ils auront réussi à les aborder : à la maison ou en classe, dès que le calme se fait, ils peuvent chercher aussitôt à attirer l'attention, soit par la parole soit par le mouvement. Gardez bien à l'esprit que ces enfants ont besoin d'être cadrés, guidés et traités avec bienveillance.

Les activités pour les amener au calme feront l'objet d'un accompagnement dans le mouvement en ralentissant progressivement le rythme et en leur faisant prendre conscience du ressenti et du retour bienfaisant à l'équilibre.

TÉMOIGNAGE

Manon a 10 ans, c'est une enfant très agitée qui ne tient pas en place, ses leçons de natation lui sont certainement profitables, mais ne suffisent pas à calmer sa nervosité.
Une nervosité entretenue par le climat familial : scènes de ménage quotidiennes entre des parents qui la prennent à témoin.
J'ai d'emblée proposé des exercices de sophrologie basés sur la respiration et la détente musculaire, et des postures issues du yoga et du gigong (gymnastique chinoise).
Dans le même temps, j'ai demandé aux parents de régler leurs différends en dehors de leur petite fille.
Aujourd'hui, Manon est beaucoup plus équilibrée parce qu'elle a appris à se détendre et à canaliser son énergie (palming, boule d'énergie, posture de la feuille...).
Elle a également pris de la distance par rapport aux disputes de ses parents.

Il suffit parfois de quelques gestes zen pour être vraiment bien et maîtriser sa nervosité.

Le petit mouchoir

Cet exercice a un réel pouvoir apaisant : grâce à l'attention portée sur le souffle, votre enfant trouvera le calme, tout en apprenant de façon amusante à moduler et maîtriser sa respiration.

> Pour réaliser cet exercice, on prend un mouchoir en papier ou un papier essuie-tout.
> On en saisit les deux coins supérieurs et on le maintient devant sa bouche.
> On souffle doucement ; le papier se soulève, mû par notre souffle, et s'éloigne de notre visage. On pourrait croire qu'il va s'envoler.
> Quand on arrête de souffler, le papier revient vers nous.
> On recommence et on observe le mouvement de va-et-vient.

On fixe bien notre attention sur notre souffle : comment le mouchoir réagit-il lorsque l'on expire doucement et longtemps ? Lorsque l'on souffle plus fort ou par à-coups, lorsque l'on bloque notre respiration ?

On prend conscience que notre respiration peut changer de rythme et d'intensité.

Le palming

C'est l'un de nos exercices préférés ; il peut être pratiqué à tout moment par les petits et par les grands, à la maison comme en classe… Il est particulièrement recommandé pour ceux qui passent du temps devant des écrans : ordinateurs, tablettes, mobiles, ou télévision.

> En position assise, les coudes sur la table, on pose délicatement les paumes de ses mains sur les paupières et l'on ferme les yeux quelques instants.
> On respire lentement et doucement.
> Dans un second temps on imagine que l'on se trouve dans un endroit de rêve, un lieu de vacances : une maison à la campagne, une plage ou même, pourquoi pas, un pays imaginaire ?
> On contemple la nature qui nous entoure, on écoute le chant des oiseaux, le murmure de la mer ou du ruisseau, on respire le parfum des fleurs.
> On s'imprègne de cette atmosphère pendant quelques instants en gardant les paumes de mains sur les paupières.
> Puis tout doucement, on retire les mains de ses paupières.

Tu sens comme cet exercice te détend ?

La posture de la feuille pliée dite « balasana »

C'est « la » posture relaxante par excellence, celle qui évoque notre vie prénatale.

Elle génère une impression de sécurité et de protection.

Cette posture est également très efficace pour détendre le dos.

On se met à quatre pattes sur un tapis, on se penche en avant en posant la tête sur le tapis comme une feuille qui se plie.

> Tu t'assois sur les genoux, les pieds à plat sur le sol.
> Tu inspires : tu mets les mains devant toi, de chaque côté de tes genoux.
> Tu expires : tu arrondis ton dos, et tu poses ton front sur le sol.
> Tu glisses tes bras vers l'arrière, de chaque côté de ton corps, les paumes de tes mains vers le ciel.
> Tu respires plusieurs fois par le ventre.
> Tu sens la détente dans le bas de ton dos ?
> Tu inspires : tu rentres le ventre, et tu remontes lentement ton dos, en empilant vertèbre après vertèbre.
> Tu mets tes épaules en place (vers l'arrière et vers le bas).
> Tu mets ta tête en place (le menton légèrement rentré afin que la nuque soit droite).
> Tu mets ta main droite dans la paume de ta main gauche. Tu poses tes deux mains sur tes cuisses et tu fais se toucher tes pouces.
> Tu fais quelques respirations lentes et profondes.

La relaxation en fœtus

Tous les enfants sont sur leur matelas.
Positionnez-les en position fœtale, comme quand ils étaient dans le ventre de leur maman.
Mettez de la musique douce.
Je vous propose de circuler avec une plume ou une petite couverture douce et d'en caresser les enfants. Les caresses font monter le taux d'ocytocine et d'endorphine, les hormones du bien-être et de l'amour, et elles renforcent chez l'enfant le sentiment de sécurité.
Ils peuvent ensuite changer de position.

Détente express : la paille

Cette technique de respiration est aussi simple qu'efficace. Elle apporte une détente immédiate, que l'on peut retrouver dans le chapitre « Mon enfant manque de confiance en lui », p. 95.

On peut pratiquer cette technique debout, allongé et même en marchant. Elle fait baisser la tension, l'émotion, le stress, et régule le rythme cardiaque. Le cerveau se met au repos le temps de cette détente pour mieux se préparer à une autre activité.

> Pour commencer, on inspire en gonflant le ventre.
> Puis on souffle lentement et doucement par la bouche, comme si notre souffle passait à travers une paille.
> On recommence : on inspire en gonflant le ventre, puis on expire (souffle) lentement à travers la paille.
> Plus longue est l'expiration, meilleure est la détente.
> Dans un second temps, et une fois que l'on maîtrise la première partie de l'exercice, on repère les uns après les autres les trois points suivants :
> – le menton : on pose une main sur le menton ;
> – les épaules : on pose une main sur chaque épaule ;
> – l'abdomen : on pose une main sur le ventre.
> En inspirant lentement et sur une seule expiration « allongée », les deux bras le long du corps, on détend et on relâche le menton, les épaules et le ventre.
> – en relâchant le menton, on détend l'ensemble du visage ;
> – en relâchant les épaules, on détend la nuque, les épaules, les bras, le dos ;
> – en relâchant le ventre, on favorise le relâchement du bassin.
> On prend conscience de la détente qui gagne chacune de ces parties.

Balancements en musique sur piste 7, Summer in your mind

(Cette musique maritime et solaire pourra s'utiliser pour accompagner l'enfant dans ses exercices de détente.)

Cette sophrologie créative va permettre à l'enfant de s'évader et de se laisser bercer par les ondulations maritimes, la mer n'étant pas sans lui rappeler l'élément aquatique qui fut le sien quelques années auparavant.

L'enfant s'allonge et ferme les yeux.
On commence par mettre la musique puis avec une voix douce et lentement à partir de ce canevas :
Tu fermes les yeux, tu imagines que tu flottes sur la mer, en toute sécurité.
Tu t'allonges sur ton poisson bouée ou sur un matelas ou sur un bateau.
Tu te laisses bercer par les ondulations de la mer.
Le ciel est bleu, par moments de petits nuages viennent traverser l'horizon, il y en a qui ont de drôles de formes.
Imagine que tu respires avec le mouvement de la vague.
Tu inspires et tu souffles à son rythme.
Ta propre respiration te calme.
Tu glisses agréablement sur l'eau, un petit vent vient caresser ton visage et le soleil réchauffe tout ton corps de ses doux rayons.
Tu te laisses flotter dans l'eau, tu lâches prise en écoutant la musique.
Puis tu ouvres doucement les yeux et tu te sens reposé comme si tu avais fait un bon dodo.
Il te suffira de refaire cet exercice quand tu te sentiras nerveux et agité, pour retrouver le calme en toi.

La vague

Savez-vous que le cœur et le cerveau sont liés ?

Lorsque notre cerveau est agité, notre cœur bat la chamade.

Mais la bonne nouvelle, c'est que nous pouvons apprendre à réguler notre rythme cardiaque par la technique de cohérence cardiaque.

Cet exercice va aider l'enfant à se poser, à se concentrer sur sa respiration et à être moins agité.

Inspire par le nez pendant 5 secondes en gonflant le ventre.
Expire par la bouche pendant 5 secondes en rentrant le ventre.
On fait cet exercice trois fois par jour, pendant 3 minutes à chaque fois.
C'est tout simple.
Pour agrémenter cette pratique, on peut dessiner dans l'espace le mouvement d'une vague tout en pratiquant cette respiration régulière, la vague symbolisant le flux et le reflux de notre respiration.
On inspire pendant 5 secondes (1/2/3/4/5) en dessinant dans l'air le mouvement de la vague qui monte.
On expire pendant 5 secondes (1/2/3/4/5) en dessinant la vague qui redescend.

La boule d'énergie

Si votre enfant est trop agité, c'est probablement parce qu'il n'arrive pas à canaliser son énergie.

Voici un exercice qui va l'aider à se poser, en faisant circuler l'énergie dans son corps.

> On se met debout, les bras le long du corps, les pieds bien plantés dans le sol.
> On respire calmement : à l'inspiration, on se remplit d'air frais ; à l'expiration, on expire de l'air chaud.
> On lève les bras à la hauteur des épaules et on rapproche ses mains, doigts écartés. On imagine que l'on tient une boule dans ses mains, une boule qui a le pouvoir bienfaisant d'apaiser les tensions.
> On reste quelques instants dans cette posture.
> On va ensuite déplacer cette boule très lentement au niveau du cœur, puis au niveau de l'estomac et au niveau du ventre.
> Et on refait le circuit cœur-estomac-ventre en prenant conscience des sensations que cela procure.

La boule d'énergie : un exercice pour canaliser votre enfant agité.

Le joyeux pantin

L'exercice du joyeux pantin permet l'activation de tout le corps, de prendre conscience de tout ce qui bouge en nous. Le pantin développe la souplesse et le lâcher prise.

En accompagnant l'excitation de l'enfant, puis lentement et naturellement en lui permettant de revenir au calme, cet exercice permet la focalisation de l'attention de l'enfant sur l'écoute de son corps.

> Imagine que tu es un pantin tout joyeux.
> Tes mains et tes pieds sont souples, comme s'ils étaient en papier chiffon.
> Saute sur place sur tes deux pieds. Tes bras sont complètement détendus. Tourne-les dans tous les sens. Gesticule comme un pantin désarticulé.
> Saute, saute en l'air !

Laisser l'enfant sauter et gesticuler assez longtemps pour lui permettre de lâcher prise, de rire et de se détendre…

> Stop !
> Assieds-toi ou allonge-toi par terre doucement.
> Maintenant tu ne bouges plus et tu écoutes ton corps.
> Comment te sens-tu dans tes jambes, dans tes bras ?
> Comment respires-tu ?
> Et ton cœur, comment bat-il ?
> As-tu chaud ? As-tu froid ?
> Te sens-tu plus calme à l'intérieur de toi ?

Ne pas hésiter à renouveler une deuxième fois, puis une troisième fois la pratique du pantin joyeux. L'expérience sera vécue à chaque fois différemment, et peut-être même plus intensément !

MON ENFANT N'ARRIVE PAS À SE CONCENTRER

Nous l'avons déjà mentionné : les parents et les enseignants se plaignent de plus en plus du manque de concentration des enfants.

Parmi ces enfants, on trouve bien entendu des enfants agités, mais aussi des enfants fatigués, en manque de sommeil, ainsi que des enfants « accro » aux jeux vidéo, aux écrans. Ils développent une attention sélective, entretenue par des stimuli constants.

Le manque de concentration peut être dû également à une surcharge d'apprentissages scolaires ou extrascolaires.

Nous avons déjà souligné qu'il est difficile pour un enfant (surtout en bas âge) de rester attentif plusieurs heures de suite, assis sur une chaise, immobile, à tenter d'engranger des informations dont il ne comprend pas toujours le sens et l'intérêt...

Nous nous devons d'évoquer ici un type d'enfant qui peut également avoir des difficultés à se concentrer sur des sujets trop « rationnels » pour lui.

LES ENFANTS « DANS LA LUNE »

Nous voulons parler des enfants rêveurs. Ces enfants que l'on dit « dans la lune » ont généralement un cerveau droit plus développé, mais ne s'intègrent pas toujours dans notre moule scolaire qui privilégie les capacités du cerveau gauche : l'analyse, le raisonnement, la logique mathématique au détriment de l'imaginaire, de la créativité, de la sensorialité.

Les parents s'inquiètent bien souvent d'avoir un enfant qui a « la tête dans les nuages ».

TÉMOIGNAGE

Tom est un garçon rêveur de 7 ans.
Sa maîtresse dit de lui qu'il est dans la lune et qu'il n'écoute pas suffisamment en classe.
Son inattention a des conséquences fâcheuses sur son apprentissage et par voie de conséquence sur ses notes.
Ses parents sont inquiets pour lui.
J'ai proposé à Tom des exercices qui lui permettent de se concentrer, de s'ancrer, tout en utilisant son imaginaire, reliant ainsi les deux hémisphères du cerveau. La posture de l'arbre lui a été très bénéfique pour se poser, s'enraciner et être présent à son présent. Celui du 8 couché également, pour améliorer la coordination des mouvements de son corps, et le tra-tac pour renforcer sa concentration oculaire. Dans le même temps, j'ai suggéré à ses parents de proposer à Tom des activités créatives qui tiennent compte de ses aptitudes et qui favorisent la concentration.
Tom continue à faire nos pratiques de sophrologie et se montre très doué en dessin ; ses parents sont fiers de lui et le lui disent.
Tom a aujourd'hui de meilleurs résultats en classe et se montre plus présent au monde qui l'entoure.

Les exercices d'ancrage que nous vous proposons aideront ces enfants à s'enraciner, mais sans brimer ni brider leurs aptitudes. Ces exercices – qui vont leur permettre de se centrer en utilisant son imagination – ont la spécificité de relier les deux hémisphères du cerveau et de favoriser la latéralité.

Pour un enfant scolarisé qui a du mal à se concentrer, nous recommandons des pauses détente qui lui permettront de développer sa capacité de concentration et de fixer son attention tout en s'amusant. Vous en trouverez des exemples à partir de la page suivante.

Demandez-lui ce qu'il a ressenti, veillez à ce que, pendant les pratiques, il reste à l'écoute de ses sensations, de sa respiration.

À la fin de la pause détente, nous vous conseillons de laisser à l'enfant un temps calme avec de la musique douce, afin qu'il ne revienne pas trop brutalement à ses activités quotidiennes. Reportez-vous également aux exercices du chapitre « Mon enfant n'est pas à l'aise dans son corps » et « Mon enfant manque de confiance en lui ».

PRATIQUES DE CONCENTRATION ...PAR LE JEU

Le tableau magique

Cet exercice ludique permet de développer l'attention et la concentration de l'enfant, ainsi que sa créativité.

Dans un premier temps, vous pouvez le faire avec votre enfant, par la suite un copain ou une copine pourront vous remplacer.

> L'un des deux participants s'assoit en tailleur sur le sol, ou à sa table de travail, sur un tabouret ; l'autre se place derrière lui.
> Celui qui est devant dispose d'une feuille de papier et d'un crayon.
> Celui qui est placé derrière fait un dessin – avec son doigt – sur le dos de son partenaire.
> Il peut tracer un chiffre, une lettre ou un objet de son choix. Il faut faire simple...
> Celui qui est devant, assis, doit deviner ce que l'autre a dessiné sur son dos.
> Bien entendu, celui qui dessine doit adopter un geste lent, ferme et précis, afin que celui qui prête son dos puisse bien capter le mouvement et les lignes.
> Le dessinateur peut recommencer plusieurs fois, toujours avec un trait soutenu.
> Celui qui est assis doit reproduire sur sa feuille de papier le dessin qu'on a tracé dans son dos. En tout cas, ce qu'il en a deviné...
> Puis on inverse les rôles.

La statue et le sculpteur

Cette pratique ludique, qui favorise la concentration et le calme, doit se dérouler sans dialogue, dans le silence, ou accompagnée d'une musique fluide et inspirante.

Les participants doivent être au nombre de deux : l'un fait le sculpteur, l'autre la statue.

> Au départ, la statue est un bloc immobile et inerte.
> Le sculpteur déplace les parties du corps de son modèle afin de lui faire prendre la position qu'il imagine, en douceur, sans gestes brusques. Le sujet se laisse modeler au gré de l'inspiration de l'artiste et ne lui oppose pas de résistance.
> Bien entendu, on pourra inverser les rôles.

La statue animée

Cette pratique améliore la concentration, mais aussi l'écoute.

Là aussi, deux rôles : la statue, le sculpteur.

> L'enfant est une statue qui a la capacité de se mettre en mouvement sur un signe de son créateur.
> Il se met à bouger et à s'animer au son d'une musique entraînante.
> Dès que le participant sculpteur (parent ou copain) tape dans ses mains, l'enfant statue doit revenir immédiatement à son immobilité de statue et ne plus bouger. Il ne se remet en mouvement que lorsque le sculpteur tape à nouveau dans ses mains. Et ainsi de suite.
> On termine cet exercice par un temps calme (respiration détente).
> Bien entendu, on pourra inverser les rôles.

Détente express : Et nous, on danse !

> L'enfant statue – ou les enfants statues – danse au rythme de la musique. Ils sont libres de leurs mouvements.
> Lorsque le meneur de jeu frappe dans ses mains, la musique s'arrête, les enfants doivent cesser tout mouvement et s'immobiliser dans une posture comme le flamant rose ou toute autre posture qu'ils auront déjà apprise.

...PAR LA POSTURE

La montagne

La montagne est une image très évocatrice pour les enfants.

Cette posture développera la stabilité mentale, la force intérieure de votre enfant.

> On commence par s'asseoir par terre ou sur un tapis de sol, on croise les jambes en tailleur, puis on tend le plus haut possible les bras vers le ciel en joignant les paumes des mains comme si c'était le pic de la montagne.
> Une montagne est stable et solide, alors on essaye de rester immobile, bien posé sur le sol.
> On garde cette position, sans aller jusqu'à l'inconfort...

Cette posture permet également de redresser et d'étirer la colonne vertébrale.

À conseiller aux enfants qui portent de lourds cartables et passent une bonne partie de la journée assis sur une chaise.

L'arbre

L'arbre est un symbole très fort chez l'enfant. L'arbre représente la confiance, l'enracinement, la longévité.

Bien enraciné comme l'arbre, l'enfant peut mieux affronter les dangers de la vie.

Il peut grandir harmonieusement en prenant conscience de sa verticalité.

> En position debout, on étire les deux bras au-dessus de la tête.
> On se grandit en gardant le dos bien droit.
> *Imagine que tu es un arbre bien enraciné dans la terre.*
> *Sens le contact de tes pieds avec le sol.*
> *Tes pieds sont comme les racines de l'arbre.*
> *Laisse bien descendre tes racines dans la terre.*
> *Imagine que tes racines s'enfoncent dans la terre.*
> *Maintenant, tu ouvres les bras comme s'ils étaient les branches de l'arbre.*
> *Inspire. Fais monter ta respiration de tes pieds jusqu'au bout de tes branches.*
> *Ressens la chaleur du soleil.*
> *Expire. Fais redescendre ta respiration dans tes racines.*
> *Tu es solide, bien enraciné comme l'arbre, et si demain un copain veut te faire tomber, tu restes sur tes deux pieds.*

L'arbre : pour aider l'enfant à mieux affronter les dangers de la vie.

…PAR LE SOUFFLE

Je souffle le chaud et le froid

Le souffle est important pour évacuer les tensions.

> Mets ta main près de ta bouche et souffle dessus.
> Ressens bien la chaleur de ton souffle sur ta main.
> Maintenant, éloigne ta main de ta bouche et souffle sur ta main.
> Ressens le souffle frais.
> Joue à faire la différence.

Vous pouvez choisir d'autres parties de votre corps pour souffler dessus.

...PAR LE SON ET LE RYTHME

Exercice du battement rythmique

Claps des mains et des pieds

Cet exercice développe la coordination motrice et la concentration.

> Demandez à votre enfant de frapper dans ses mains (par exemple 2 frappés/1 frappé/2 frappés) deux ou trois fois de suite, et de reproduire cette structure rythmique plusieurs fois.
> Observez bien le mouvement de ses mains.
> L'enfant doit reproduire exactement la cellule rythmique qu'il a choisie.
> Faites de même avec le pied en le frappant par terre.
> Puis alternez mains et pieds. *Clap, clap !*

Vous pouvez utiliser des chansons ou des comptines comme support des frappés.

Pour cet exercice, vous pouvez également utiliser un instrument comme un tambourin, par exemple. Vous jouez dessus plusieurs rythmes, puis vous le donnez à l'enfant et lui demandez de reproduire les mêmes rythmes.

Écoute la musique

> On écoute attentivement une musique. On essaie d'en distinguer toutes les nuances, d'en reconnaître les instruments.
> On peut demander à l'enfant de reproduire le thème ou de le danser.

...PAR LE GRAPHISME

Imaginer un paysage

Demander à l'enfant de raconter un paysage imaginaire.

> Imagine que tu as devant toi une feuille et des feutres de toutes les couleurs...
> Tu vas dessiner sur cette feuille imaginaire avec tes feutres imaginaires, un magnifique paysage...
> De quoi as-tu envie ? Un arbre ? « Dessine » ce qui te fait envie...
> Décris-moi ce que tu « dessines », les couleurs que tu choisis...
> Des fleurs ? Décris-les moi pendant que tu les « dessines »...

Laisser l'imagination de l'enfant poursuivre le dessin le plus longtemps possible.

...PAR LE MOUVEMENT

Le 8 couché

Miracle ! En dessinant des huit, sans papier ni crayon, on peut améliorer les résultats scolaires de l'enfant et la coordination de son corps et de ses pensées.

S'il dessine des huit un peu tous les jours, il sera plus concentré en classe et ses résultats scolaires s'amélioreront.

*Imagine devant toi un **huit couché**, avec une boucle à gauche et une boucle à droite.*
Avec l'index de ta main droite, suis le contour de ce huit couché imaginaire.
Fais la même chose avec ta main gauche.
Fais-le lentement d'abord, puis de plus en plus vite, plusieurs fois.
*Puis dessine **deux huit debout** à gauche avec ta main gauche et à droite avec ta main droite, mais cette fois en inversant les mouvements : la main droite dessine le huit en partant vers la droite, et la main gauche, en partant vers la gauche.*
En même temps, évidemment !
Fais de même en partant vers la droite avec la main droite, et en partant vers la gauche avec la main gauche.
Toujours en même temps.
(Le 8 couché est le symbole de l'infini. Ce symbole stimule la coordination oculaire. Il est représenté par une double boucle qui n'a pas de début et pas de fin, ce symbole a donc une continuité infinie.)

Le tra-tac

Cet exercice constitue une excellente invitation au regard intérieur. En outre, son application est préventive aux problèmes oculaires.

> Bien enraciné dans le sol, tu portes ton regard le plus loin possible devant toi.
> En inspirant, tu lèves ton bras tendu vers l'avant, main fermée avec le pouce vers le haut, devant ton regard.
> Tu retiens l'air et tu fixes la base de ton ongle.
> Doucement et dans un mouvement continu, tu approches le pouce de ton front tout en continuant à le fixer. Lorsque la convergence des yeux devient difficile, que tu louches, tu expires doucement en fermant les yeux et en baissant le bras le long du corps.
> Tu les ouvres à nouveau pour effectuer cet exercice une deuxième, puis une troisième fois.

MON ENFANT MANQUE DE CONFIANCE EN LUI

TÉMOIGNAGE

Clément, 8 ans, est un enfant introverti qui a beaucoup de mal à s'exprimer.
Il manque incontestablement de confiance en lui. Il panique lorsque la maîtresse l'interroge ou lui demande de déclamer une récitation devant la classe.
Il devient alors tout rouge, son cœur s'emballe, et il perd tous ses moyens.
Nous avons fait des exercices de respiration, de valorisation de ses qualités mais aussi de visualisation créatrice au cours desquelles l'enfant raconte une histoire dont il est le héros.
En parallèle nous avons demandé à ses parents – aimants mais parfois trop exigeants – de l'encourager et de le féliciter lorsqu'il réussissait quelque chose, cela afin d'augmenter son capital confiance.
La pratique régulière de la sophrologie crée de nouvelles connexions neuronales et c'est ce qui s'est passé pour Clément.
Il a en effet appris à respirer par le ventre, à prendre conscience de son schéma corporel et il a adopté des postures plus assurées (le cavalier, Tarzan...).

Certains parents se préoccupent davantage de ce que leurs enfants ne sont pas ou ne font pas, plutôt que de ce qu'ils sont et savent faire.

Il est indispensable de mettre en relief les aptitudes et les atouts de votre enfant, à la maison aussi bien qu'à l'école. Il faut l'aider à développer ses capacités spécifiques. Plus un enfant est jeune et plus il est important de le valoriser.

Une fois que vous avez adopté cette attitude avec vos enfants, poursuivez sur cette voie avec les personnes qui vous entourent, reconnaissez-les et encouragez-les dans leurs tâches et dans leurs projets.

Il faut verbaliser la reconnaissance, car ce qui est tu n'est pas reconnu.

On voit parfois des pères en mâle de pouvoir qui raillent leur fils lorsqu'il n'effectue pas correctement une tâche ; cette attitude peut vite démotiver l'enfant, impressionné par la stature paternelle. Les sarcasmes (« *Tu n'es même pas capable de mettre la table correctement* » ; « *Tu as encore glissé, ce que tu peux être maladroit !* ») peuvent avoir un effet inhibiteur sur l'enfant.

Plus on critique un enfant et moins il réussit ; nourri aux sentences lapidaires du type « *tu n'es pas capable de…* », il risque de devenir un adulte complexé et timoré.

Il n'est jamais trop tard pour modifier son comportement : ce qui semble pour nous, adultes, n'être qu'une boutade, peut être ressenti par l'enfant comme une humiliation et générer un syndrome d'échec.

Accordez à votre enfant le droit de se tromper, dites-lui que cela arrive à tout le monde – y compris à vous – et qu'il faut savoir se pardonner. Ces explications lui permettront de garder intact son capital confiance.

L'attitude parentale la plus castratrice consiste à fustiger un enfant devant des tiers, l'humiliation est alors décuplée.

En conséquence, ne dites jamais de votre enfant – surtout devant témoins – *qu'il est insupportable, qu'on ne peut pas le tenir, qu'il n'est pas doué pour les études* ou *pour le piano.*

« TU N'ÉCOUTES JAMAIS CE QU'ON TE DIT. »

Ces sentences se transforment vite en croyances et peuvent façonner une identité, une image, qui vont coller à la peau de l'enfant et parfois l'imprégner jusqu'à l'âge adulte ; à ce stade, il lui sera plus difficile de s'en débarrasser.

Faites état de ses atouts et ne soulignez pas ses points faibles.

Un enfant souffre de ne pas répondre aux attentes de ses parents, il peut se sentir rejeté s'il pense qu'il les déçoit, et à son tour rejeter les autres.

Si votre enfant a tendance à dire des phrases du genre « *je ne peux pas le faire, c'est trop dur* » et à abandonner une tâche en cours de route, s'il évite les moindres défis, alors vous êtes probablement face à un problème d'estime de soi.

ACTIVATION DU POSITIF

Vivre le bonheur, l'engranger, le cultiver... Toute action positive dirigée vers notre corps ou vers notre mental a une répercussion positive sur notre être tout entier.
L'activation répétée du positif provoque un effet **« boule de neige » sur toute la personne.**

ENCOURAGEZ L'ENFANT

Il faut adopter une attitude stimulante, faire participer votre enfant selon son âge aux petites tâches du quotidien et l'encourager (petit dépannage, cuisine, aide à la maison...).

Au lieu de signifier à votre enfant d'aller jouer dans sa chambre, proposez-lui de vous seconder. Présentez votre demande comme un jeu et non comme une obligation.

Il acceptera probablement votre proposition, car les petits adorent aider s'ils n'y sont pas contraints. Il se sentira utile et sera sensible à l'attention et à la confiance que vous lui témoignez.

Une fois la tâche accomplie, félicitez-le et remerciez-le pour l'aide précieuse qu'il vous aura apportée (« *Je vois que tu es adroit !* »).

TIMIDITÉ

Un enfant timide craint avant tout le regard de l'autre, il appréhende le jugement car il a peur de ne pas être à la hauteur.

Il faut le rassurer et lui faire accepter le droit à l'erreur et à l'échec.

Un petit enfant qui apprend à marcher, tombe, se relève, tombe à nouveau et finit par réussir, malgré les chutes et les pleurs.

Rappelez-lui qu'il a été ce petit enfant... qui a fini par réussir.

GUIDER UN ENFANT, DEUX RÈGLES MAJEURES

Pour bien guider un enfant, il ne faut surtout pas le surprotéger, mais plutôt :
– lui faire prendre de l'assurance et le convaincre de sa propre valeur ;
– lui apprendre à se détacher du jugement d'autrui « *Peu importe le regard des autres, je le fais pour moi.* ».

SOYEZ ATTENTIF À VOTRE ENFANT

Être vigilant sur sa propre attitude : suis-je attentif à mon enfant ? Est-ce que je l'écoute, lui donne suffisamment la parole ? Cette qualité de présence structure et borde l'enfant, elle est nécessaire pour qu'il puisse développer sa confiance en lui.

DONNEZ-LUI DU TEMPS

Souvent on fait les choses à la place de l'enfant. On n'a pas le temps et on trouve qu'il ne va pas assez vite, qu'il n'est pas assez habile... Bref, on réduit le nécessaire apprentissage de l'autonomie.

Prenez le temps de le laisser faire, acceptez que cela ne soit pas parfait.

CONSEIL EN +

Il faut savoir moduler les difficultés, éviter les trop grandes exigences et le cumul d'aptitudes.

PRATIQUES POUR RENFORCER LA CONFIANCE

La confiance se construit à travers les expériences voulues ou subies. Elle s'enrichit en profitant de ses propres ressources, en apprenant de ses échecs et en sentant sa capacité à choisir et pouvoir agir.

Un enfant qui a conscience de son corps aura plus facilement confiance en lui.

Guidez votre enfant dans des exercices corporels simples et ludiques où il pourra vraiment maîtriser son corps et son mouvement, sa stabilité, son enracinement, sa respiration (se reporter également au chapitre « Mon enfant n'est pas à l'aise avec son corps », p. 49).

On peut aussi l'aider à renforcer sa confiance en lui, en lui faisant travailler la posture, l'activation du positif, la créativité et les jeux avec les autres.

CONFIANCE PAR LA RESPIRATION

Relaxation express : la paille

La mini-relaxation qui permet à l'enfant de se calmer rapidement dans n'importe quelle situation aide également à prendre confiance en soi. (Se reporter au chapitre « Mon enfant est agité, nerveux », « Détente express : la paille », p. 75.)

CONFIANCE PAR L'ANCRAGE

Petite graine deviendra plante

Cet exercice va aider l'enfant à grandir, à se redresser, à s'étirer et à sentir la force de vie qui est en lui.

> Tu es agenouillé sur le sol, le corps penché en avant, replié sur tes genoux.
> Imagine que tu es une petite graine, enfouie dans la terre.
> Grâce à l'eau et à la lumière, tu vas germer et sortir de terre...
> Tu te redresses en douceur, tu te déploies lentement, tu écartes tes bras. Ils sont comme des tiges qui s'étendent...
> Tes bras s'étirent et s'élèvent vers le ciel. Tu te relèves.
> À présent, tu n'es plus une petite graine cachée dans la terre, mais une plante magnifique et tu es fier de toi.
> Tu grandis, tu es maintenant debout, les bras au-dessus de la tête.
> Tu te sens grand et fort.

Se détendre avec l'arbre

L'arbre est un symbole très fort chez l'enfant. Il représente la confiance, la robustesse, la longévité.

Bien enraciné comme l'arbre, l'enfant peut mieux affronter les problèmes qu'il rencontre et grandir harmonieusement.

> Je suis un arbre solide, bien enraciné.
> Je lève les bras vers le ciel pour me grandir.
> Je les balance comme des branches.
> Je m'enracine.
> Mais je reste stable sur mes deux pieds.
> J'ai confiance en moi, en mes qualités, en mes capacités.

L'arbre : pour mieux affronter les problèmes et grandir harmonieusement.

CONFIANCE PAR LA POSTURE

Entraînez votre enfant à adopter une bonne posture au quotidien.

Que l'on soit assis, debout ou que l'on marche, il est important de garder les épaules ouvertes et la tête droite.

L'attitude corporelle a une influence incontestable sur l'attitude psychique.

Le cavalier

Cette posture d'enracinement est utilisée dans les arts martiaux pour stimuler l'énergie vitale et renforcer les muscles des jambes.

Elle permet de prendre de l'assurance.

> En posture debout
> *Écarte bien les jambes, comme si tu avais un cheval entre les jambes.*
> *En expirant, fléchis tes genoux tout en amenant tes mains, poings fermés, au niveau de ta taille, jusqu'à ce que tu te sentes bien stable, bien solide sur ton cheval comme si tu voulais le faire avancer.*
> *Tu es un cavalier courageux qui n'a peur de rien.*
> *Reste dans cette position quelques secondes.*
> *Imagine-toi en train de chevaucher à travers la campagne, la forêt, en éliminant tous les obstacles qui se trouvent sur ton chemin.*
> *Retiens ton souffle pendant quelques secondes puis, lentement, inspire à nouveau en redressant tes jambes et en relâchant tes bras de chaque côté de ton corps.*
> *Puis tu redescends de ton cheval et tu te sens fort, confiant pouvant braver tous les obstacles.*

Tarzan

Le célèbre roi de la jungle nous inspire un exercice très ludique qui stimule la cage thoracique. Les tapotements activent le thymus qui joue un rôle dans l'auto-immunité.

On propose à l'enfant de mimer Tarzan : debout, bien campé sur ses pieds, les pieds dans l'alignement du corps, il doit tapoter sa poitrine du bout des doigts ou avec ses petits poings fermés. Puis il doit continuer à tapoter en émettant le fameux cri « aaa ii aaa iiaaa ».
Chacun écoute les vibrations du son dans sa cage thoracique.
Grâce à cette gestuelle, votre enfant, comme Tarzan, va trouver en lui sa force primitive.

CONFIANCE PAR LA NATURE

Vivez des expériences grandeur nature

La nature est un espace de liberté et d'expérimentation où les enfants ont le droit de sauter dans les flaques, de toucher les vers de terre, de siffler avec les oiseaux. Pour les plus grands, de construire une cabane ou de monter aux arbres, de dormir à la belle étoile, d'apprendre à faire un feu. Toutes choses qui vont vraiment renforcer leur confiance en leurs capacités.

L'adulte ne doit pas hésiter à offrir à son enfant des rencontres avec la nature, le plus souvent possible, à l'occasion de vacances, de week-ends, en l'inscrivant dans une colo intelligente… et responsable.

Dans notre conte *Petit Tom au pays de Séréna*, le héros s'initie au bien-être et au dépassement de soi grâce aux éléments de la nature.

La fenêtre de la confiance

Cet exercice se pratique de préférence en plein air.

Il permet de développer l'amplitude respiratoire et de s'imprégner d'un sentiment de confiance et d'optimisme.

> Les pieds bien enracinés dans le sol, la tête droite, tends les bras à l'horizontale, puis fléchis les coudes vers toi, de façon à former un angle droit.
> En inspirant lentement, écarte les bras comme si tu ouvrais une fenêtre.
> Garde l'air pendant quelques secondes, puis ramène tes bras en soufflant.
> Recommence.
> En ouvrant les bras, imagine que le soleil, l'air pur de la nature, la joie de vivre entrent par la fenêtre et entrent aussi en toi…
> Comme tu respires, l'air entre et ressort, et te remplit d'énergie positive…
> Refais cet exercice au moins trois fois, avant de relâcher tes bras.

CONFIANCE PAR LA CRÉATIVITÉ

Raconte-moi une histoire dont tu es le héros

Faire raconter une histoire à un enfant, c'est le pousser à développer son imagination et à structurer sa pensée, encore plus si c'est lui qui crée l'histoire.

Aidez-le au départ, puis laissez-le exprimer sa créativité.

> Imagine un gentil héros qui a confiance en lui, qui est fort...
> Comment est-il ?
> Imagine ses pouvoirs magiques.
> Maintenant imagine un méchant qui veut faire du mal au héros.
> Comment est-il ? Quels sont ses pouvoirs ?
> Imagine une histoire.
> Le méchant veut empêcher le gentil héros de réussir sa mission.
> Il y a des batailles et le héros finit par gagner.
> Maintenant que tu as construit ton histoire, amuse-toi à la raconter en jouant les deux personnages : le héros et le méchant.

CONFIANCE PAR LES AUTRES

Communication

Cet exercice ludique, à pratiquer en groupe ou en famille, vise à désinhiber un enfant timide, à développer son estime et sa bienveillance envers les autres.

Cet exercice peut être salutaire pour tout enfant ou adulte qui doute de lui-même et de ses capacités.

L'exercice se pratique avec une balle ou un ballon.

> Le groupe, famille ou copains, se met en cercle et, à tour de rôle, un joueur envoie la balle ou le ballon à un joueur qui l'envoie à son tour à un autre joueur.
> Jusque-là, les choses paraissent assez simples, mais l'originalité de l'exercice tient dans le fait qu'à chaque passe, le lanceur adresse un mot gentil ou un compliment au receveur.

MON ENFANT EST TRISTE

TÉMOIGNAGE

Lola a 5 ans.
Sa maman lui annonce qu'elle doit partir quelques jours pour son travail. Lola est très triste et pleure sans cesse car elle a le sentiment d'être abandonnée par sa maman.
Son papa se sent désarmé face à ce trop-plein de tristesse.
Il la réconforte accueille ses larmes et lui explique que sa maman va vite revenir.
Nous lui avons également montré des pratiques pour redonner la joie de vivre à sa fille Lou.
Comme faire le singe avec Lou pour atténuer sa tristesse. Et nous lui avons conseillé la boîte à rires, pour que Lou se sente créative.

Il est tout à fait normal qu'un enfant, à l'instar d'un adulte, connaisse des vagues de tristesse. Une dispute, une déception, peuvent aisément provoquer un gros chagrin.

La tristesse est un état nécessaire de repli sur soi pour combler une perte, un manque, se réparer, se « panser » et retrouver des forces.

Il faut accepter cet état de tristesse momentané, en discuter avec votre enfant, surtout si vous ne connaissez pas le motif de ce chagrin. La tristesse d'un enfant se manifeste plus souvent par un comportement que par des mots.

Donc si vous ne savez pas pourquoi votre enfant est morose, communiquez avec lui, montrez-lui de l'empathie, réconfortez-le et écoutez-le sans juger ni préjuger.

Vous pouvez demander à votre enfant d'illustrer sa tristesse par un dessin. C'est un bon moyen de l'exprimer et de vous permettre de la visualiser.

Toutefois si la mélancolie s'installe de manière permanente, que votre enfant pleure souvent, qu'il ne veut plus jouer ou pratiquer son sport favori, si vous remarquez qu'il n'a plus d'appétit ou qu'il est perpétuellement fatigué, nous vous recommandons vivement de consulter, car votre enfant fait peut-être une dépression.

SAVOIR ACCUEILLIR LES LARMES

Contrairement à une habitude bien ancrée dans notre culture, le « sèche tes larmes » n'est pas le meilleur des conseils à donner à son enfant, même si c'est ce que nous, adultes témoins de sa tristesse, aimerions le voir faire.

Il est plus sain de déculpabiliser l'enfant, de le laisser exprimer sa tristesse et de l'accompagner par notre présence bienveillante, par un geste tendre, ou en le prenant dans nos bras pour le réconforter...

S'il préfère se retirer seul dans sa chambre, soyez patient, laissez-lui un peu de temps pour se recueillir.

Dans un second temps, vous pourrez le retrouver et l'inciter à sortir de son état.

Aucun parent n'aime voir ses enfants tristes et maussades. Néanmoins, on peut accepter de laisser les émotions faire leur chemin et participer ainsi au développement de ses enfants.

En revanche, après un épisode éprouvant, il est indispensable de redonner du peps à votre enfant.

Nous allons ci-après vous proposer des pratiques qui lui redonneront sourire et vitalité, ainsi qu'à toute la famille.

L'enfant a une capacité étonnante à changer très rapidement d'état émotionnel, ne soyez donc pas surpris par un soudain changement d'humeur.

LES BIENFAITS DU RIRE

Plusieurs des exercices que nous vous proposons sont basés sur le rire.

Il n'est rien de tel que le rire pour réjouir un enfant affligé (ça marche aussi pour un adulte, mais les enfants sont probablement plus prompts encore à l'hilarité).

Le rire permet la sécrétion d'endorphines, ces hormones qui induisent des sensations de bien-être et d'euphorie.

De surcroît, le rire est en soi un excellent exercice, pulmonaire autant que musculaire.

Le rire a un réel pouvoir relaxant.

Dans son livre *La Psychosomatique du rire*, le Dr Henri Rubinstein précise : « Le rire est une onde qui se manifeste dans les muscles.

Elle part des petits muscles du visage et va ensuite aller aux épaules, aux cuisses, aux muscles de l'abdomen. Le rire, finalement, c'est une sorte de gymnastique douce. »

Lorsque vous riez, un véritable massage s'opère dans votre organisme. La contraction du diaphragme stimule les organes à proximité : le foie, la rate, l'estomac, l'intestin.

Il existe une association d'artistes clowns qui rend visite aux enfants malades : c'est bien le rire et la fantaisie qui leur redonnent le moral et annihilent, pour un temps, leur douleur.

Bien avant l'invention des clubs de rire qui fleurissent désormais un peu partout, certains moines bouddhistes avaient l'habitude de rire, chaque matin, pendant quelques minutes : c'était un exercice de respiration destiné à les mettre en forme, tout en leur procurant la sérénité.

Vous avez peut-être remarqué que le dalaï-lama affiche souvent un sourire réjouissant. Il affirme d'ailleurs que son passe-temps favori est de rire !

Les médecins recommandent de rire 10 à 15 minutes par jour pour être en bonne santé. C'est ce que l'on faisait dans les années cinquante.

Actuellement, on rit trois fois moins : 5 à 6 minutes en moyenne par jour, ce qui est vraiment peu.

Voici plusieurs exercices qui vont permettre à votre enfant de retrouver son dynamisme et sa joie de vivre, et de partager avec vous des moments de joyeuse félicité.

PRATIQUES POUR APPRENDRE À RIRE

Le riranimo

Pour cet exercice, n'hésitez pas à mettre une musique bien rythmée qui vous donnera l'impulsion.

> On commence par s'étirer en bâillant, pour décontracter les mâchoires.
> Après avoir pris une grande bouffée d'air, on pousse des « aha » des « oh » (sans peurs et sans complexes), puis on inspire à nouveau et on imagine que l'on est un animal joyeux et joueur.
> On fait, au choix, le chien qui jappe de plaisir, le chat qui miaule affectueusement, le coq qui chante gaiement. On peut même faire la vache qui rit. En même temps, on adopte les mimiques de l'animal.
> On recommence en forçant le trait, en accentuant les grimaces et les postures, jusqu'à ce qu'un vrai rire s'installe et se propage.

La cascade de rires

Encore un exercice à pratiquer ensemble, en famille ou entre amis.

Comme vous l'avez déjà constaté, le rire est communicatif : lorsque, dans un groupe, une personne commence à rire, les autres suivent, c'est instinctif.

> L'un des participants peut commencer à rire, en augmentant peu à peu l'intensité de son rire, jusqu'à s'esclaffer franchement. Les enfants vont adorer et rapidement l'imiter.
> L'hilarité peut être accompagnée par des gestes, des mimiques amusantes.
> Ensemble, vous allez prendre au pied de la lettre les expressions populaires : pliez-vous de rire, tordez-vous de rire, écroulez-vous de rire, riez à en tomber les fesses par terre…
> Lâchez-vous pour quelques instants et faites régner l'hilarité au sein du groupe.
> Pour revenir « à la normale », diminuez progressivement l'intensité du rire jusqu'à sa cessation, et demandez aux enfants de vous suivre dans ce decrescendo.
> Une fois la séance terminée, accordez-vous un temps de partage et de décompression.

CONSEIL EN +

Créez votre boîte à rires ou le panier rigolo

Il s'agit de prendre une grande boîte dans laquelle on va mettre tout ce qui nous fait rire ou nous rend joyeux.
Un livre, un DVD, des dessins, des objets rigolos, des photos ratées.
En cas de chagrin ou de baisse de tonus, votre enfant pourra venir se revitaliser à la source du rire.

Le bâillement

Essayez cet outil formidable qui vous aidera à lutter contre le stress et la tristesse.

Nous bâillons lorsque nous avons sommeil ou lorsque nous nous ennuyons.

Quand nous bâillons, nous lâchons prise sur notre corps.

Le bâillement est une décharge respiratoire, tout comme le soupir est un antistress naturel.

Ce réflexe respiratoire apporte calme et sérénité. Il ouvre la gorge, détend les muscles du visage.

> Inspire profondément, serre les muscles autour des yeux, ferme les yeux très fort et ouvre grand la bouche.
> Exagère le mouvement du bâillement et il viendra tout seul !
> Entraîne-toi jusqu'à ce que tu saches bâiller à volonté. Tu auras ainsi un moyen rapide de détente à ta disposition.
> Ouvre la bouche et bâille !
> Simule le bâillement en t'étirant, coudes pliés, puis tirés vers l'arrière.
> Amène ton menton vers ta gorge et expire en ouvrant très grand les mâchoires et en tirant la langue très loin vers le bas, avec un grand « ha ! » bien sonore.
> Cela va déclencher un véritable bâillement de détente.

La méditation du sourire intérieur

Cette pratique taoïste millénaire que nous avons remise au goût du jour est aussi bénéfique pour les enfants (à partir de 5 ans) que pour les adultes, elle a un réel pouvoir thérapeutique et relaxant.

> Assieds-toi au bord d'une chaise, les pieds bien à plat.
> Expire profondément pour commencer, puis souffle profondément.
> Ferme les yeux, et pense à quelque chose qui te rend très heureux (un beau dessin, une peluche, un gâteau au chocolat, un rayon de soleil, une jolie histoire).
> Inspire ce bonheur comme un parfum jusqu'à ce que ta poitrine s'ouvre et se dilate, et à l'expiration, laisse ce bonheur se diffuser dans ton corps. Ajoute un sourire sur ton visage pour amplifier la sensation de dilatation dans ton cœur.
> Ton visage est détendu, apaisé, cela te connecte au meilleur de toi-même.
> Imagine que ce sourire descend le long de ton corps, tu souris non seulement avec le visage mais aussi avec les épaules, avec les bras qui s'ouvrent comme dans un sourire, tu souris même avec ton ventre, c'est tout ton corps qui sourit à présent.

Respiration express : Inspirer la joie

Une de nos respirations express qui peut se pratiquer à n'importe quel moment de la journée...

> On prend une grande respiration, puis on souffle en expulsant tout ce qui nous rend triste et nous contrarie. Nos ennuis s'envolent et s'évaporent dans les airs.
> On inspire à nouveau, et s'il nous reste encore un peu de mélancolie au fond du cœur, on l'expulse en soufflant longuement.
> Puis on inspire, on respire la joie, on peut s'aider en se souvenant d'un moment où on a été très heureux, et on remplit tout notre corps de cette sensation.

On fait le singe

Selon la tradition taoïste, faire le singe renforce l'énergie vitale.

Cette pratique est efficace sur les enfants moroses, repliés sur eux-mêmes. Elle leur permet de se libérer de leurs tensions et de retrouver leur dynamisme.

> Dans un premier temps, on imite l'attitude du singe qui grimpe à un arbre. On tend un bras, on lève une jambe : c'est la posture de base.
> Mais on peut aller plus loin pour retrouver la pêche ou en l'occurence la banane !
> On imite la démarche du singe, on saute, on gambade, on fait des bonds, on monte jusqu'aux branches, on est agile et on se sent libre de ses mouvements. On peut même pousser de petits cris pour manifester sa joie, et si autour de nous la famille et les amis jouent le jeu, alors c'est la franche rigolade assurée dans la tribu !

On fait le singe : pour se libérer des tensions et retrouver son dynamisme.

MON ENFANT FAIT DES COLÈRES

Pour un petit enfant, la colère, tout comme les pleurs, permet d'exprimer une émotion, une contrariété, un mécontentement. C'est un comportement instinctif.

D'une manière générale, il vaut mieux exprimer sa colère, car sinon elle s'imprime en nous et nous ronge de l'intérieur.

Les colères enfouies émergent alors par d'autres canaux. Chez un enfant, l'énurésie peut signer une colère réprimée, comme l'ulcère chez un adulte.

UNE COLÈRE, QU'EST-CE QUE C'EST ?

TÉMOIGNAGE

Mathis a 5 ans, il fait des crises de colère pour un oui et plus souvent pour un non, ce non que ses parents profèrent lorsque Matis veut continuer à jouer alors qu'il est l'heure de passer à table, ou lorsqu'ils lui interdisent de toucher à leur ordinateur de bureau.
On a conseillé aux parents de ne pas céder à ses caprices, comme ils avaient tendance à le faire, car la récompense encourage le caprice, tout en leur précisant qu'il ne faut pas pour autant être punitif ni dévalorisant.
Avant tout, il faut essayer d'apaiser l'enfant par le geste et la parole avant qu'il atteigne le pic de la colère.
On lui a montré des exercices qui l'ont aidé à éradiquer sa colère : « le bon de la colère » lui a permis d'exprimer sa colère et de la déchirer, « taper dans les mains » lui a permis de se défouler et « le sac à colère » de libérer ses émotions négatives.
Ses parents se sont montrés plus à l'écoute au lieu d'être dans le renoncement. Mathis écoute régulièrement notre conte et ses colères se sont nettement espacées.

Vers l'âge de 3 ans, l'enfant dit non à tout. Il se construit par opposition et son attitude de refus, sa colère sont tout à fait compréhensibles. L'enfant est traversé par des sentiments que lui-même ne comprend pas toujours.

Souvent, il teste ses parents pour savoir jusqu'où il peut aller. C'est sa manière à lui de se construire.

Certains enfants renouvellent ces colères trop fréquemment. On peut alors parler de « caprices », même si le terme a une connotation désuète. Quel que soit le nom donné à ces emportements répétés, ils ont de quoi dérouter les parents, surtout si l'enfant est engagé dans une lutte de pouvoir.

Il est donc important de fixer des limites, car on ne peut céder à toutes les demandes d'un enfant. Il est nécessaire de lui faire comprendre qu'il ne peut pas toujours obtenir ce qu'il veut.

> ***« Il y a une différence entre combler les besoins d'un enfant et satisfaire ses désirs. »***

Il faut savoir être vigilant et ferme, car si un enfant se rend compte qu'après une crise de colère il obtient gain de cause, alors il va réitérer pour imposer sa volonté et faire de sa crise de colère une tactique, voire un procédé de manipulation.

Expliquez dès que possible à votre enfant le motif de votre refus. Même s'il ne le comprend pas sur l'instant, il sentira à la fois votre détermination et la considération dans laquelle vous le tenez.

QUE FAIRE EN CAS DE COLÈRE ?

Observez dans quelle situation votre enfant fait une colère, essayez de la comprendre en privilégiant le dialogue avant que ladite colère n'atteigne un pic où le raisonnement n'est plus entendu.

Aidez votre enfant à s'exprimer, cela lui fera du bien car une colère peut générer chez lui un sentiment de confusion.

Les émotions sont des détecteurs. Elles indiquent une réaction physiologique et mentale à des stimuli. Il est souhaitable d'accompagner l'enfant avec empathie en validant la réalité de son émotion. Il faut l'aider à la reconnaître, en l'aidant à la recevoir et la transformer. « *Je comprends très bien que tu sois en colère.* » On peut alors lui proposer des moyens de se recentrer et de répondre autrement que par l'impulsion.

C'est ce que nous allons faire ensemble, grâce à nos pratiques anti-colères qui vont lui permettre de se calmer et de retrouver un sentiment de bien-être.

Il faut tenir compte que notre cerveau droit – rationnel – est déstabilisé et on ne peut résoudre un problème lorsque la colère est présente. Pour cela, il faut d'abord retrouver le calme afin de laisser notre cerveau reprendre ses esprits.

QUE FAIRE SI LA CRISE S'INTENSIFIE ?

Quelles que soient les raisons des accès de colère de votre enfant, voici quelques conduites à suivre qui peuvent vous aider à y faire face.

Calme

Tâchez de rester calme autant que vous le pouvez, car il y a risque d'escalade et plus vous monterez dans la colère, plus il vous sera difficile de redescendre. Rappelez-vous qu'une fois le pic de colère atteint, la voix de la raison ne nous parvient plus.

Maîtrise

Essayez de lui donner le bon exemple en maîtrisant votre propre courroux et votre propre frustration. Évitez de vous emporter contre lui : cela ne ferait qu'aggraver les choses.

Patience

Faites preuve de patience. Comme nous l'avons vu, on peut endiguer un début de crise en proposant à votre enfant des exercices et en le réconfortant.

Vous pouvez également lui donner un verre d'eau, pour lui permettre de s'apaiser.

Expression

Vous pouvez laisser un temps votre enfant exprimer sa colère en tapant dans les mains, en piétinant. Laissez-le crier, taper, puis dites stop au bout de cinq minutes pour montrer les limites.

Une fois la crise passée, tenez votre enfant tendrement serré contre vous et rassurez-le. Encouragez-le à parler de ce qui s'est passé, de ce qu'il a ressenti et de ce qui a pu provoquer sa colère.

Si les crises de colère sont vraiment trop fréquentes et que votre enfant devient agressif ou violent, n'hésitez pas à consulter.

FATIGUE ET COLÈRE, LE DUO PERDANT

La fatigue engendre la colère.

Les comportements colériques peuvent être causés par de la fatigue, par le manque de sommeil.

La fatigue physique est accompagnée d'une fatigue nerveuse, donc d'une moins bonne maîtrise de soi, sur le plan physique et psychique. Le comportement devient plus « primaire » et instinctif, axé sur la satisfaction des besoins de survie. D'où une impulsivité exacerbée.

Nous ne le répéterons jamais assez : le sommeil est vital pour notre équilibre et ce, de notre premier à notre dernier souffle.

Alors veillez à ce que votre petit bout de chou n'entame pas son capital sommeil dès l'aube de son existence.

Si votre enfant rencontre des problèmes d'endormissement ou de réveils nocturnes intempestifs, référez-vous à notre chapitre sur le sommeil, « Mon enfant a du mal à s'endormir », p. 149.

Un enfant fatigué a beaucoup plus de mal à se contrôler.

Les enfants gagnent leur autonomie en exerçant un certain contrôle sur leur univers, mais aussi sur eux-mêmes.

Les exercices que nous vous proposons vont l'aider à expulser sa colère et la transmuter.

Il va apprendre à se libérer de ses tensions sans heurter qui que ce soit, et surtout pas lui-même.

Il va comprendre peu à peu comment gérer ses émotions.

PRATIQUES POUR ÉVACUER LA COLÈRE

Le sac à colère

Cet exercice de sophrologie dynamique permet la libération des tensions et de l'agressivité. Il favorise le retour au calme.

Dans un premier temps, imagine que tu remplis un sac de ta colère, de tes contrariétés.
En inspirant profondément, imagine avec netteté le sac, là, juste devant toi.
Dans un second temps, lève le bras, plie-le, puis poing fermé à hauteur de ton épaule, en soufflant très fort, frappe vigoureusement ce sac comme pour le détruire.
Relâche ton bras.
Répète l'exercice trois fois.
Garde bien à l'esprit cette image de sac à colère, puis effectue l'exercice avec l'autre bras. Trois fois également.
Reprends le mouvement, mais cette fois frappe le sac avec les deux poings en même temps.
Là aussi, recommence trois fois.
Pour terminer, imagine que le sac n'est plus qu'un tas de résidus de colère que tu piétines allègrement.
Et c'est ainsi que tu arriveras à te débarrasser de tous tes sentiments de colère et d'agressivité.

Le sac à colère : un geste de libération de nos soucis.

Les voyelles qu'on sonne

Cet exercice vocal permet de se libérer, de se décharger de son trop-plein d'émotions.

Les voyelles permettent l'ouverture du larynx et du cœur.

> On ouvre grand la bouche et on émet les sons « a », « o », « i », « é ».
> On peut également lier deux voyelles : « a-o », « a-e »...
> Exagérer les mouvements labiaux en donnant de l'emphase à la voix, comme si on imitait un chanteur d'opéra.

Tapez dans les mains

Cette pratique permet de se défouler tout en favorisant la concentration.

> On propose à l'enfant une séquence rythmique qui s'effectue en tapant dans les mains : 1/2 ; 1/2/3 ; 1/2/3/4 ; 1/2.
> On répète la séquence plusieurs fois.
> Puis on dit « stop ! » et on s'arrête.
> On reprend la séquence, puis on stoppe de nouveau.

Les moulinets

Cette séquence permet à l'enfant d'adopter un mouvement de libération dans l'espace et de décharger sa colère.

> Inspire en effectuant de grands cercles avec un bras, d'avant en arrière, et de plus en plus vite, poings fermés, comme si tu faisais des moulinets.
> Puis, souffle énergiquement et propulse ton bras en avant, comme si tu voulais jeter ta colère au loin.
> Fais-le trois fois avec un bras, puis trois fois avec l'autre bras, et enfin trois fois avec les deux bras en même temps.

Un bon pour une colère

Cet exercice permet à l'enfant de se débarrasser de ses contrariétés et d'apaiser ses tensions.

C'est aussi une ouverture au dialogue.

> Proposez à l'enfant d'écrire ou de dessiner sa colère sur une feuille de papier.
> Une fois que c'est fait, demandez-lui de déchirer la feuille, puis de la jeter.

CONSEIL EN +

Pour un petit enfant qui n'écrit pas encore, proposez-lui de « barbouiller » sa colère sur le papier avec des crayons de couleur.
Une fois le dessin achevé, parlez-en avec lui et proposez-lui de déchirer sa feuille et de jeter par terre les lambeaux de « papier colère ».

Pompage des épaules

Cet exercice puissant s'avère très efficace pour soulager les tensions musculaires au niveau des trapèzes, une zone où s'accumule fréquemment le stress.

On inspire profondément par le nez et on retient l'air pendant que l'on effectue le mouvement.
On lève et on descend les épaules plusieurs fois de suite dans un mouvement rapide, en serrant les poings, comme si on effectuait un pompage.
On expire profondément en relâchant et en ouvrant les mains.
Dans cet exercice, seules les épaules sont en mouvement. Les bras suivent les épaules, et les mains s'ouvrent et se ferment.
On ferme les yeux. On ressent comme une libération musculaire et/ou articulaire au niveau des épaules et de la nuque.
On accueille les sensations de détente et de bien-être induites par cette pratique.

MON ENFANT A DES PEURS

La peur est un sentiment naturel, un réflexe de protection archaïque qui incite à se figer ou à fuir. Elle développe une hypervigilance et une réactivité.

Nous y sommes confrontés dès notre venue au monde.

Quand on a vécu 9 mois niché au cœur d'un cocon protecteur, dans une pénombre enveloppante, l'irruption dans un monde inhospitalier constitue en soi un trauma.

Au cours des premiers mois de notre vie – et du fait de notre dépendance –, nous pouvons être sujets à des peurs tout aussi angoissantes lorsque nos besoins essentiels ne sont pas comblés.

Le manque de confiance, le sentiment d'insécurité que certains adultes développent, trouvent souvent leur source dans la prime enfance.

Il en va de même pour la peur de l'abandon et de la séparation qui persiste et gâche si souvent les relations affectives.

Car l'enfant ne se développe harmonieusement que s'il éprouve un sentiment de sécurité.

À partir du moment où il vient au monde, l'enfant a besoin d'être rassuré par sa mère, de sentir sa présence, sa chaleur, son affection. Un enfant privé d'affection ne peut grandir sereinement.

DU PLUS LOIN QUE L'ON SE SOUVIENNE

La peur de l'abandon se manifeste particulièrement la nuit, car la nuit est associée, dans l'inconscient collectif, à la mort, aux ténèbres. C'est une peur ancestrale du danger qui surgit dans la nuit pourtant sécurisée.

Pour l'enfant, le coucher représente un moment de séparation d'avec ses parents, où il se retrouve livré à lui-même dans un monde obscur où il n'a plus ses repères.

Nous y reviendrons dans le dernier chapitre consacré aux problèmes de sommeil, « Mon enfant a du mal à s'endormir », p. 149.

On dénombre plusieurs types de peur chez les enfants, selon les âges :

- la peur des bruits inhabituels ;
- les peurs imaginaires (monstres, sorcières) ;
- la peur du timide qui n'ose pas prendre la parole ;
- la peur de l'échec avec son corollaire, la peur de décevoir ses parents ;
- la peur du regard et du jugement de l'autre ;
- et, bien entendu, les phobies.

Selon Donald Winnicott, le célèbre pédopsychiatre anglais, la peur est utile à l'enfant à condition qu'il puisse l'extérioriser. Affronter ses peurs fait partie du développement fondamental de l'individu, de ce qu'il a à surmonter, de ce qui lui permet d'évoluer, de se protéger et de s'adapter.

Bruno Bettelheim, pédagogue et psychologue, a pour sa part démontré l'importance de ces contes de fées traditionnels dans lesquels le héros finit par triompher d'épreuves qui paraissaient au départ insurmontables. La pire épreuve étant celle de l'abandon qui constitue LA peur fondamentale chez un enfant, et qui a été contée dans *Le Petit Poucet*.

Chacun d'entre nous a pu constater que l'enfant aimait bien jouer à se faire peur, comme dans le jeu de cache-cache dont il sait qu'au fond l'issue lui sera favorable. Comme les héros des contes, il aime surmonter sa peur.

Certains enfants souffrent de ce que certains spécialistes nomment une anxiété sociale. Ces enfants redoutent le jugement des autres et s'empêchent de prendre la parole et de participer en classe.

On peut aussi parler d'anxiété sociale lorsqu'un enfant refuse systématiquement de se rendre à un goûter d'anniversaire ou de voir des copains, et préfère rester seul dans sa chambre.

L'anxiété et le stress sont les formes chroniques de la peur : « l'enfant ne peut ni nommer de quoi il a peur, ni le comprendre ». En revanche, son état psychique et physique traduit la peur.

En parallèle à ces conseils et ces exercices, et si votre enfant manifeste une anxiété persistante, nous vous recommandons de consulter un médecin, un psychologue ou un sophrologue pour comprendre et désamorcer ce stress.

AIDER L'ENFANT À VAINCRE SES PEURS

TÉMOIGNAGE

Paul, 6 ans, est persuadé qu'un monstre se dissimule dans les toilettes de sa maison. De ce fait, il se retient d'entrer dans ce lieu qui pour lui n'est vraiment pas d'aisance.
Nous lui avons proposé de visualiser son héros, en l'occurrence Spiderman, d'imaginer qu'il entre dans la peau de ce superhéros. Spiderman ne peut pas avoir peur d'aller faire pipi... et grâce à ses superpouvoirs, il est capable de vaincre tous les monstres, surtout ceux qui sont trouillards et se cachent dans les toilettes ou les placards.
À cet âge, un enfant s'identifie très facilement à son héros. Dans un premier temps, on peut lui proposer de se munir d'un accessoire de son héros ou pourquoi pas de sa panoplie.

Respecter ses peurs

Dans tous les cas de figure, il est important de respecter la peur de votre enfant, de ne pas la minimiser et encore moins de s'en moquer. (« *Ce n'est rien voyons, tu es un grand maintenant !* » « *Une si grande fille qui a peur d'une toute petite bête ?* »)

Le dialogue et l'empathie restent de mise. Restez dans l'échange et apportez des réponses à sa peur. Évoquez au besoin vos propres peurs d'enfant et la façon dont vous les avez dépassées.

Si vous ne saisissez pas d'emblée le motif de sa peur, essayez de dialoguer pour comprendre ce qui aurait pu lui faire peur dans la vie réelle ou télévisuelle, à l'école ou dans la rue.

Le protéger

L'enfant a besoin de se sentir sécurisé.

On doit l'écouter, mais ne pas tomber dans le piège de la surprotection qui elle-même peut engendrer des peurs supplémentaires.

C'est aussi l'un des buts de cet ouvrage que d'apprendre l'autonomie à un enfant, à la condition qu'il ne trouve pas en l'ordinateur un compagnon exclusif.

Développer sa confiance en lui

L'enfant doit sentir qu'il a la maîtrise de la situation, qu'il peut surmonter sa peur, qu'il peut réagir par lui-même.

Ne faites pas systématiquement les choses à sa place, aidez-le juste à prendre l'énergie nécessaire pour vaincre sa peur et aller de l'avant.

Reportez-vous également au chapitre « Mon enfant manque de confiance en lui », p. 95.

Le raisonner

La peur empêche le raisonnement, bloque les connexions vers le cerveau « préfrontal ». Il faut donc des chemins détournés pour rétablir ces connexions : l'humour, l'imagination, les objets transactionnels (doudou aux superpouvoirs) ou les rôles de superhéros.

Il s'agit de le détourner de l'objet de sa peur en le recentrant sur sa propre capacité à pouvoir se protéger, ou sur les éléments extérieurs qui vont l'y aider.

VAINCRE LA PEUR DU NOIR

Proposez à votre enfant une veilleuse, de dormir la porte ouverte ou d'avoir une lampe de poche à disposition, convainquez-le que son doudou a des superpouvoirs pour le protéger…
Accompagnez-le dans le noir, ou dans la simple pénombre, faites avec lui des jeux dans l'obscurité…, il se familiarisera avec ce qui lui faisait peur, et de manière inconsciente, petit à petit il n'aura plus peur. Ne négligez surtout pas les explications, car ce sont elles qui vont faire que votre enfant voudra bien jouer le jeu.
Pour faciliter cette épreuve, assurez-vous d'obtenir la pleine confiance de votre enfant.

Dans les pages qui vont suivre, nous vous proposons des pratiques dont votre enfant pourra se servir au quotidien pour vaincre ses peurs et renforcer sa confiance en lui.

Il trouvera des ressources intérieures qui deviendront des remparts contre ses craintes.

PRATIQUES POUR VAINCRE LES PEURS

Le réflexe de relaxation

C'est un geste réflexe qui aide à retrouver force et confiance et à éliminer ses peurs en un temps record.

> Dès que tu sens la peur t'envahir, effectue un geste de ton choix, qui deviendra ton « réflexe de relaxation ». Par exemple : tu inspires en serrant les deux poings, tu serres pendant 3 secondes et tu expires profondément en desserrant les deux poings.
> Dans un deuxième temps, tu inspires par le nez et fais immédiatement ton geste réflexe : tu serres tes deux poings, ce qui va bloquer ta peur. Puis expire et laisse ta peur s'évacuer au loin.
> Il te suffira de refaire ce geste pour retrouver la détente et vaincre tes peurs.
> Choisis le geste qui te convient le mieux, comme le font les sportifs de haut niveau.

CONSEIL EN + :

Cette technique est également très utile pour vous, parents, enseignants, adultes, pour se sentir mieux avant un examen, une réunion...

GESTE DE DÉPLACEMENT DU NÉGATIF

La sophrologie a pour objet de développer la pensée positive. Avec de l'entraînement, on apprend progressivement à découvrir tout ce qu'il y a de positif dans notre environnement et à mettre le négatif entre parenthèses.

Le conditionnement à la pensée négative est très précoce. Il commence à la naissance.

Au moment de l'accouchement, le passage du fœtus dans le canal vaginal est vécu comme une situation de stress intense qui est inscrit dans la mémoire du nouveau-né. Il sera renforcé plus tard par certains parents de manière inconsciente : « *Ne touche pas à ça, tu vas te faire mal* » ; « *Ne saute pas, tu vas tomber* » ; « *Si tu fais ça, il va t'arriver un malheur* »...

En sophrologie, plusieurs méthodes nous permettent d'une part la décharge du négatif de notre corps et, d'autre part, la charge en positif.

Apprendre à expulser ses peurs

En sophrologie, la décharge du négatif et des peurs se fait sur l'expiration.

Tiens-toi debout.
Inspire et fais une grosse grimace.
Puis expire, relâche ta grimace et en même temps relâche les peurs, les tensions.
Puis à nouveau inspire, fais une grosse grimace.
Puis expire, relâche toutes tes appréhensions, ton stress et tes peurs.
À la fin de l'exercice, étire-toi, bâille copieusement et, doucement, ouvre les yeux.

Tu peux faire ce geste avec chaque partie de ton corps : ainsi tu deviens plus positif, plus sûr de toi en chassant le négatif.

Se recharger en positif

Dis-moi tout ce que tu aimes dans la vie...
Tu aimes jouer ? Dessiner ?
Tu aimes les bonbons ? Le chocolat ?
Dis-moi tout ce qui te fait du bien...
Ferme les yeux. Laisse aller ton imagination, imprègne-toi de ces sensations en tendant ton corps très fort pendant quelques secondes.
Puis relâche.
À nouveau, pense à qui te rend heureux...
Inspire, tends ton corps puis relâche-le.
Prends conscience du bonheur qui est en toi, de la tranquillité.
Fais ton geste réflexe (voir exercice précédent p. 141).

À chaque fois que tu referas ton geste, tu te rempliras de positif et tu dissiperas tes peurs.

Détente express : « Je m'en fiche ! »

Cet exercice permet à l'enfant de dédramatiser un problème et de prendre ses distances face à la peur. Autre avantage : il détend la zone des trapèzes.

Tous les enfants connaissent la signification du haussement d'épaule : « je m'en fiche » ou « bof ! ».

Ce geste induit un lâcher-prise naturel et spontané.

> On expire à fond, puis on inspire bien fort en levant les épaules et en bombant la poitrine, on retient l'air, puis on relâche en soufflant, comme pour dire « je m'en fiche ».
> Pendant l'exercice, on garde les bras et les mains bien détendus.
> On reprend trois fois l'enchaînement des gestes.

« *Dessine-moi ta peur* »

Demandez à votre enfant de vous dessiner sa peur.
Cela va lui permettre de la matérialiser et de s'en libérer.
Est-ce d'un sorcier ou d'un loup dont tu as peur ?
Laissez-lui bien le temps de faire un dessin qu'il peut colorier à sa guise.
Il va pouvoir ensuite éliminer cette peur, matérialisée par un personnage, soit en déchirant son dessin, soit en le jetant à la poubelle, soit en le piétinant jusqu'à ce qu'il ne soit plus qu'un petit tas de miettes.
Il devient le chef de sa peur et il ressort confiant et fort comme un héros qui a vaincu tous les dangers.

DÉVELOPPER SES RESSOURCES

Je suis un héros

Cet exercice est à proposer dans le cas de craintes typiques de l'enfance : peur d'une araignée, peur d'un monstre imaginaire…

Nous parlons ici d'épreuves surmontables, laissez votre bon sens vous guider.

> Ferme les yeux et prends une grande respiration.
> Imagine que tu te transformes en ton héros préféré : Batman, Harry Potter, avec ses pouvoirs magiques…
> Comme eux, tu n'as peur de rien, car un héros est invincible, un héros, ça n'a pas peur des araignées ou des monstres.
> Maintenant tu es un héros et tu n'as plus peur de l'araignée (de la sorcière, etc.).
> À ce moment de l'exercice, l'enfant doit faire un « geste d'ancrage », comme serrer le poing, par exemple.

Un geste d'ancrage permettra à l'enfant, à chaque fois qu'il en aura besoin, de retrouver cette sensation d'être un héros.

Pratique express : Le chant de la tribu

Ce chant, à inventer avec l'enfant (« ouba ga oungawa » ou autres onomatopées qui vous plaisent), lui donnera du courage pour vaincre ses peurs. Il aura le pouvoir de faire fuir les monstres et les fantômes.

> Imagine que tu fais partie d'une tribu d'Indiens aux pouvoirs magiques.
> Scande le chant guerrier magique en martelant le sol avec tes pieds et en tapant dans tes mains en rythme.

Imagine ton ange gardien

L'enfant aime avoir un doudou, un animal totem, c'est un objet fétiche qui le réconforte et le protège. Le doudou peut aussi devenir un ange gardien et l'enfant peut l'invoquer quand il a peur.

S'il décide que son ange gardien est un petit lapin en peluche, il l'appelle en cas de stress : « Lapin, où es-tu ? J'ai peur... viens près de moi. Rassure-moi, réconforte-moi... Tu me protèges contre les dangers. »

Il suffira que je t'appelle pour que toute ma peur s'évanouisse et que je me sente très fort même la nuit, même dans le noir.

Vaincre la peur de l'échec

Le meilleur moyen de ne plus avoir peur et de réussir son examen, son interro, sa compétition, c'est de s'y préparer mentalement et physiquement en expulsant les craintes, les doutes, afin d'arriver le jour « J » en pleine possession de ses moyens.

Il faut commencer par faire un exercice de respiration pour détendre l'enfant. Le faire asseoir ou s'allonger.

> Imagine que tu es en classe le jour de ton interrogation.
> D'abord tu respires calmement en gonflant ton ventre comme un ballon et en te remplissant de calme, puis tu expires longuement par la bouche en expulsant ta peur.
> À présent, imagine-toi en classe avec les autres enfants.
> Tout va bien.
> Tu sais parfaitement répondre aux questions, tu es sûr de toi, confiant.
> Tu sais que tu vas avoir une bonne note. Tu es fier de toi.
> Imagine que tu as réussi ton épreuve.
> Félicitations, tu y es arrivé !
> Afin d'imprimer en toi cette réussite et cette confiance, contracte très légèrement les muscles de ton corps pendant quelques secondes, retiens l'air pendant 3 secondes en serrant tes poings, puis relâche en expulsant l'air à fond.

MON ENFANT A DU MAL À S'ENDORMIR

TÉMOIGNAGE

Julie, 4 ans et demi, a de sérieux problèmes de sommeil. Le moment du coucher est un calvaire qui peut parfois s'éterniser et empoisonne le climat familial.

Parce qu'elle manque de sommeil, Julie est nerveuse et fatiguée pendant la journée.

Il était temps pour nous d'intervenir.

Ses parents ont suivi nos recommandations concernant les préludes au sommeil et pratiqué les exercices tels que « lourd comme un caillou », « le jardin magique » et tous les soirs avant de s'endormir, elle pense à « son petit refuge ».

Julie a appris à bercer sa poupée et s'occuper d'elle lui procure un réel apaisement qui favorise et induit son endormissement. Elle a également pris l'habitude de se masser le ventre pour glisser en douceur dans les bras de Morphée.

LE SOMMEIL EST INDISPENSABLE À NOTRE ÉQUILIBRE ET NOTRE SANTÉ

Il l'est encore plus pour les enfants car il contribue à leur croissance et au développement de leur cerveau. À la naissance, un bébé naît avec 125 milliards de cellules nerveuses. À chaque seconde, son cerveau forme près de 2 millions de connexions nouvelles. Le sommeil aide à la mise en place de nouveaux circuits nerveux, il favorise aussi certaines fonctions cérébrales, comme la mémoire et l'apprentissage.

Selon l'Institut national du Sommeil et de la Vigilance, un Français sur quatre souffre de troubles du sommeil.

Or, bien dormir est vital, car c'est pendant notre sommeil que les hormones de croissance sont secrétées et que nos muscles se détendent.

Le sommeil assure également la récupération des fonctions vitales, la régulation endocrinienne et neurologique, le renforcement des défenses immunitaires, et une bonne métabolisation.

Le sommeil fera l'objet d'un prochain ouvrage tant nous estimons qu'il est vital de bien dormir.

C'est aussi lorsque l'on dort que notre peau se réhydrate, que notre système immunitaire se renforce et permet la mise au repos de l'organisme.

Les rêves ont également leur importance, car ils favorisent la mémorisation, la construction de la personnalité et l'équilibre psychique. Donc, le sommeil est capital pour notre santé.

Dès les premiers mois, le bébé met en place la structure de son sommeil d'adulte et continue progressivement à le développer.

S'adaptant à la croissance de l'enfant, l'horloge se règle. La sécrétion de l'hormone du sommeil, la mélatonine, commence alors vers 20 heures, pour s'arrêter vers 7 h 30 du matin.

Plus de 50 % des enfants et des adolescents ayant participé au sondage « *Sleep in America* » (« Le sommeil aux États-Unis ») ont déclaré avoir des difficultés à s'endormir ou à passer une nuit paisible sans réveil nocturne.

Des études menées par des neuroscientifiques confirment que de nombreux enfants manquent de sommeil.

Comment reconnaît-on que nos enfants manquent de sommeil ?

Ce n'est pas seulement lorsque nos bambins somnolent ou bâillent qu'ils montrent un besoin de sommeil.

Une agitation excessive, une absence de concentration, une humeur agressive peuvent tout autant attester d'un déficit de sommeil.

Les problèmes de sommeil chez l'enfant

Vers deux ans, livré à lui-même, désarmé, égaré dans un monde obscur qu'il ne maîtrise pas, il peut éprouver de l'angoisse ; peur du noir, mais également peur de l'abandon mettent l'enfant dans un état de tension qui fait obstacle à son endormissement.

Françoise Dolto parlait de « l'angoisse de la petite mort » à propos du ressenti des enfants dans la nuit.

L'enfant peut se relever pour réclamer son doudou ou un verre d'eau, il sait trouver des prétextes qui lui permettent de reprendre contact avec ses parents et d'apaiser sa peur.

Certains enfants n'hésitent pas à faire irruption dans la chambre de leurs parents, certains demandent même à dormir dans leur lit.

En grandissant, d'autres peurs nocturnes apparaissent, l'imagination devient fertile et comme nous l'avons déjà mentionné il est fréquent qu'à la nuit venue, un enfant de 5 ans imagine des monstres, des fantômes ou toute autre créature effrayante.

Il est recommandé de ne pas ironiser sur ces peurs (« *Comment ? Une grande fille comme toi qui invente des choses pareilles ?* »).

Plus tard, vers 6 ou 7 ans, l'enfant – à l'instar des adultes – peut ressasser les problèmes, les difficultés rencontrés au cours de la journée, se repasser des scènes qui l'ont stressé ou choqué. Nous sommes abreuvés d'images violentes, images de fiction, mais aussi images d'actualité réelles, un distinguo que le petit enfant a bien évidemment du mal à faire.

Nous vivons dans un monde dont la violence peut susciter chez les petits une anxiété, catalysée par les appréhensions nocturnes. Le stress, parfois dilué ou occulté le jour, prend toute son ampleur dans l'obscurité et le silence de la nuit. Il faut rappeler que les troubles du sommeil chez l'adolescent ou l'adulte peuvent trouver leur origine dans un sentiment d'insécurité développé au cours de l'enfance.

C'est dire toute l'importance d'un bon sommeil au cours des premières années de notre existence.

En dehors des peurs qui sont les pires antagonistes du sommeil, il est d'autres motifs occasionnels d'insomnie chez les enfants, qui correspondent généralement à des périodes de changements : l'entrée à la maternelle ou au CP, l'arrivée d'un petit frère ou d'une petite sœur, un déménagement, un divorce, la maladie ou le décès d'un proche, ou encore un conflit qui éclate entre les parents.

Même si les parents avisés s'efforcent d'être discrets, les petits enfants et même les bébés – qui habitent le monde de l'instinct – captent les humeurs parentales.

Quel que soit son âge, il est important de réconforter l'enfant qui a des problèmes de sommeil, mais cela ne suffit pas toujours et c'est la raison pour laquelle nous vous proposons des pratiques qui vont permettre à votre enfant de cheminer paisiblement – et par lui-même – vers le pays des rêves. Le moment du coucher ne sera plus source de problèmes ou d'angoisse, ni pour lui ni pour vous.

Vous l'avez sûrement remarqué : le stress nocturne des enfants provoque souvent un stress chez les parents, stress qui, à son tour, peut rejaillir sur l'enfant.

Nous pensons donc à vos enfants, mais aussi à vous !

NOS RECOMMANDATIONS

Avant d'aborder la partie pratique, nous aimerions vous donner quelques conseils pour préparer votre enfant à une nuit paisible.

En premier lieu, nous recommandons vivement de ne pas exposer les petits enfants aux images perturbantes des journaux télévisés et plus encore aux chaînes d'infos en continu qui ont réussi à faire des événements tragiques du monde et des faits divers locaux, un spectacle permanent.

Évitez également les séries dont la violence est d'autant plus troublante qu'elle est esthétisée.

Ces programmes trop stimulants, trop choquants ont des effets tensions anxiogènes et ne peuvent que contrarier l'endormissement de vos enfants, et vraisemblablement le vôtre.

Mais nous reviendrons à votre sommeil dans un prochain ouvrage…

D'une façon générale, tâchez de restreindre l'utilisation des écrans le soir ; outre leurs contenus, ils stimulent les ondes actives du cerveau au lieu de les ralentir. Les dernières générations d'écrans et de tablettes émettent une lumière bleue qui entrave la sécrétion de mélatonine (hormone du sommeil) et affecte les cycles du sommeil.

LE RYTHME FAMILIAL

Les heures de sommeil avant minuit « valent double », mais souvent l'enfant se trouve confronté au rythme familial, parents qui rentrent tard de leur travail et ont envie, en toute légitimité, d'avoir un moment d'échange avec leur enfant… L'enfant doit trouver son compte d'heures de sommeil, il ne peut pas à la fois se coucher tard ET se lever tôt…

Si vous avez des activités dynamiques le soir, inutile de vous énerver sur votre enfant qui ne veut pas se coucher. Certains enfants tombent comme des souches quelles que soit leur environnement, d'autres ne pourront « lâcher » que si, autour d'eux, tout est calme…

LE SOMMEIL : PRÉLUDES ET RITUELS

Dans l'heure qui précède le coucher, il faut éviter les stimulations sensorielles. Atténuez la luminosité de votre maison ainsi que les bruits. Évitez les cris, les activités physiques intenses, créez une atmosphère propice à la quiétude.

CONSEIL EN +

Repérez les signes d'endormissement : en observant votre enfant, vous verrez que son corps donne des signes : bâillements, baisse de l'attention... Il ne faut pas tarder, c'est le moment de le coucher !

D'autre part, la régularité des heures de coucher participe grandement à la qualité du sommeil.

SÉCURISEZ LE SOMMEIL DE VOTRE ENFANT

Vous pouvez installer une veilleuse dans la chambre de votre enfant ou une petite lampe avec un interrupteur. Ce dispositif va le rassurer et lui laisser le contrôle. Veillez bien entendu à la sécurisation du matériel électrique.
Si votre enfant a peur du noir, vous pouvez également laisser une lumière dans une pièce adjacente, la pénombre sera toujours plus rassurante pour lui que l'obscurité totale. (Voir le chapitre « Mon enfant a des peurs », p. 135.)

Les rituels

Une fois réduites les perturbations électromagnétiques et émotionnelles, nous vous suggérons d'instaurer un rituel au moment du coucher.

Les rituels ont pour fonction de rassurer l'enfant et de baliser le chemin vers le sommeil, la répétition ayant pour l'enfant un caractère structurant et sécurisant.

La petite histoire, le câlin, la comptine mais aussi des objets rassurants, comme une peluche ou un doudou, sont les étapes nécessaires pour conduire l'enfant vers le sommeil.

C'est aussi le moment de rassurer un enfant qui a pu vivre des moments difficiles dans la journée. Un rituel entouré d'affection prend alors toute son importance. Dites-lui combien vous tenez à lui, combien vous l'aimez. C'est l'instant idéal pour un partage plein de tendresse.

Les pratiques que nous vous proposons s'inscrivent dans cette démarche et pourront devenir, pour vos enfants, des rituels à pratiquer tous les soirs pour entrer dans l'état de quiétude qui précède le sommeil.

Elles peuvent aussi, ces pratiques, succéder à la petite histoire du soir, au câlin.

JE PRÉPARE MON ENFANT AU SOMMEIL

Pour ce faire :

– préparez votre enfant au rêve en évoquant les moments positifs de sa journée ;

– lisez-lui des histoires, faites-lui écouter des contes musicaux, une musique douce ;

– aidez-le à se concentrer sur son corps, sa respiration par des techniques de relaxation et d'automassage.

Certaines des pratiques que nous vous indiquons l'aideront à trouver le sommeil, d'autres pallieront plus particulièrement le manque de sommeil en permettant des phases de récupération, notamment quand il n'y a pas de sieste possible.

QUE FAIRE SI VOTRE ENFANT SE RÉVEILLE AU MILIEU DE LA NUIT ?

Si votre enfant se réveille au milieu de la nuit, angoissé, s'il a fait un cauchemar, ne le laissez pas seul, tranquillisez-le en lui parlant sur un ton réconfortant. Il a besoin de sentir votre présence.

Toutefois, évitez de l'emmener dans votre lit, cela peut vite devenir une habitude néfaste, pour lui comme pour vous.

Si votre enfant est terrifié par un monstre qui se terre derrière l'armoire, soyez sans pitié et allez rapidement le capturer.

Après avoir chassé les créatures effrayantes, enveloppé votre enfant de vos attentions, de votre affection… le cauchemar peut devenir une idée récurrente qui tourne en boucle dans sa tête. Il va lui être difficile de s'en débarrasser. Il faut donc détourner son attention, faire repartir ses pensées sur une autre piste :

n'hésitez pas à utiliser pour cela l'une de nos pratiques que vous trouverez plus loin.

En journée, vous pourrez plus aisément parler à votre enfant de ses cauchemars, et lui proposer de les dessiner, car dans la journée, il n'aura pas peur d'évoquer ses fantômes de la nuit.

Si toutefois votre enfant fait régulièrement des cauchemars intenses, n'hésitez pas à consulter.

CONSEIL EN +

Après avoir été boudées, les siestes sont peu à peu réhabilitées. Même si ce n'est pas un « vrai » temps de sommeil, une phase « calme » est indispensable.

PRATIQUES POUR S'ENDORMIR

Vous pouvez proposer ces exercices à votre enfant chaque soir, leur pratique quotidienne l'aidera à s'endormir facilement.

Lourd comme un caillou

L'insomnie étant due à un conditionnement négatif, par cet exercice nous allons opérer un déconditionnement et un reconditionnement positifs.

> Installe-toi confortablement dans la position que tu utilises pour t'endormir.
> Inspire en gonflant le ventre, expire en le dégonflant.
> Peu à peu, tu te sens devenir lourd comme un gros caillou, de plus en plus lourd.
> Tu ressens de la lourdeur dans tes bras, dans tes mains, et tu prononces la phrase suivante : « Je me sens lourd, de plus en plus lourd. »
> Puis tu ressens de la lourdeur dans tes jambes : « Mes jambes sont lourdes, de plus en plus lourdes. »
> Tu laisses cette sensation gagner, petit à petit, tout ton corps.
> Tu t'enfonces doucement dans le matelas tellement tu es lourd...
> Inspire puis, à chaque fois que tu expires, tu vas prononcer une phrase que tu aimes particulièrement parce qu'elle t'apporte le calme et le bien-être : « Je suis bien dans mon lit, je me détends, je vais bientôt m'endormir. »
> Répète plusieurs fois cette phrase et laisse-toi glisser doucement vers le sommeil.
> Bonne nuit et fais de beaux rêves...

Je berce mon doudou

Lorsque l'enfant est couché, vous pouvez lui proposer de bercer doucement sa peluche (ou sa poupée) au rythme de sa respiration, pour l'aider à s'endormir, car on imagine bien que le doudou lui aussi est fatigué et a besoin de dormir.

Cette pratique, facile à mettre en place, a un double effet : elle apaise l'enfant et lui fait prendre confiance en lui, en lui montrant qu'il est capable de prendre soin de son doudou.

> Prends ta peluche – ou ta poupée – dans tes bras, fais-lui un bisou puis pose-la sur ton ventre.
> Apprends à bercer ton doudou (ton nounours, ta peluche, ta poupée) avec ta respiration pour l'aider à s'endormir, car il est très fatigué.
> Je vais te montrer comment on fait…
> Quand tu inspires, ton ventre se remplit d'air comme un ballon et ton doudou se soulève doucement ; quand tu souffles l'air, ton ventre se dégonfle comme un ballon et ton doudou descend doucement, car il suit le mouvement de ton ventre, de ta respiration.
> C'est comme ça que tu peux bercer ton doudou et l'aider à s'endormir.
> Inspire doucement et souffle doucement pour le bercer.

Je berce mon doudou : pour apaiser l'enfant et lui faire prendre confiance en lui.

Le jardin magique

La visualisation créatrice va aider l'enfant à s'endormir dans les bras de Morphée.

> Imagine un endroit merveilleux, un jardin composé de fleurs multicolores, des roses, des violettes, des bleuets, des coquelicots rougeoyants.
> Approche-toi de ces fleurs de toutes les couleurs pour respirer leur parfum. Comme ça sent bon dans ce jardin !
> Il y a aussi des arbres majestueux qui te saluent, qui balancent leurs branches pour te saluer et te souhaiter une bonne nuit.
> Dans ce jardin, tu trouves aussi des arbres fruitiers : des poiriers, des pommiers, des cerisiers, des abricotiers, tu tends la main pour attraper le fruit que tu aimes.
> Tu savoures ce fruit qui est doux et sucré.
> Imagine maintenant que tu marches pieds nus dans l'herbe du jardin, tu apprécies la fraîcheur de l'herbe sous tes pieds.
> Tu entends également des oiseaux gazouilleurs qui te racontent leurs voyages dans des contrées lointaines au-dessus des mers, des montagnes et des forêts.
> Un petit vent léger vient te caresser le visage et murmurer à ton oreille : « C'est l'heure de faire dodo... dodo... »
> Sens comme tu es bien dans ce jardin des merveilles, tu peux t'y endormir tranquillement.
> Bonne nuit, fais de beaux rêves !

Et le lendemain, l'enfant peut dessiner son jardin des merveilles.

Mon petit refuge

Choisis un lieu particulièrement calme où tu aimes aller, où tu te sens bien…
Un endroit où tu étais en vacances, une cachette que tu es le seul à connaître…
Ou tu peux imaginer un endroit qui serait pour toi idéal et où tu te sentirais bien… une cabane, un nid de coussins tout doux, une grotte, un nuage rose… Peu importe…
Tu peux dessiner cet endroit idéal dans ta tête, en observer tous les détails, s'il y fait bon, si ça sent bon, ce qu'il y a comme objets autour de toi, leurs couleurs… Comment ça fait du bien dans ton corps d'être dans ce lieu que tu aimes…
Il te suffira de ressortir de ce petit refuge pour te sentir calme et avoir envie de t'endormir.

La voix de l'adulte accompagne l'imagination de l'enfant, elle pourra s'abaisser progressivement pour favoriser l'endormissement.

La pluie d'or

Inspire calmement en gonflant le ventre comme un ballon, puis expire en rentrant le ventre le plus possible.
Puis pose la main sur le petit creux de ton estomac en imaginant que sous ta main se trouve une belle fleur de couleur jaune. Cette fleur s'ouvre doucement et en s'ouvrant laisse passer toute ta fatigue de la journée, ton agitation, ta nervosité. Et tu te sens devenir léger.
Imagine ensuite une pluie d'or bienfaisante et ressourçante. Elle se répand au cœur de cette fleur et recharge tout notre organisme comme on recharge un portable.
Cette pluie d'or est une pluie de bien-être. Elle aide ton corps à se relaxer et à s'endormir. Tu ressens une grande détente dans tout ton corps.

Je masse moi-même mon plexus et mon ventre

Faites découvrir à vos enfants l'énergie de leurs mains.

Le plexus solaire est le centre du système nerveux. Il se trouve dans le creux de l'estomac, sous les côtes. En apprenant à masser cette zone, l'enfant va favoriser son endormissement.

> Frotte bien tes mains l'une contre l'autre, elles vont devenir toutes chaudes.
> Garde tes paumes face à face, sens la chaleur qui se dégage et les relie entre elles.
> Pose tes mains sur ton ventre et masse-le doucement en faisant tourner la chaleur autour de ton nombril, de gauche à droite, dans le sens des aiguilles d'une montre.
> Puis pose tes mains un peu plus haut, dans le creux de ton estomac, et imagine une belle fleur de tournesol jaune qui s'ouvre à chaque fois que tu inspires et qui se referme à chaque fois que tu expires.
> Cette fleur posée sur ton plexus solaire, qui s'ouvre et se ferme au rythme de ta respiration, va t'aider à t'endormir dans les bras de Morphée.
> Dessine cette fleur sur ton estomac en effectuant un doux massage dans le sens des aiguilles d'une montre.

CONCLUSION

Nous vous félicitons d'avoir été si attentifs à la lecture de cet ouvrage et à l'écoute du conte musical.

Cette attention démontre que vous accordez une grande importance au bien-être de vos enfants. C'est tout à votre honneur.

Vous avez maintenant les clefs qui vont permettre à vos enfants d'apprivoiser leurs émotions.

N'oubliez pas que vous, parents, éducateurs ou enseignants, êtes d'anciens enfants.

Vous aussi avez probablement connu des peurs, des incertitudes, des manques de confiance et vous êtes donc en mesure de comprendre les problèmes émotionnels de vos enfants.

Être parent ou enseignant est une véritable mission, si vous nous lisez à présent, c'est que vous en êtes conscient et que vous désirez œuvrer à l'épanouissement de vos enfants.

Vous l'avez compris : pour être bien avec soi-même et avec les autres, il est important d'apprendre à gérer le stress et les émotions qui trop souvent brouillent notre mental et nous font perdre le contrôle de nous-même en nous empêchant d'avancer sereinement.

Autant les émotions « positives » peuvent être moteur (joie de vivre, amour...), autant les émotions « négatives » (colère, haine...) peuvent être des freins.

Dans ce livre, nous vous avons proposé des techniques simples pour mieux dompter ces émotions, car plus tôt un enfant se sentira tranquille, plus il aura de chance de devenir un adulte équilibré.

L'éducation au bien-être se fait dès l'enfance.

Depuis quelques années, la violence s'insinue progressivement dans les classes et les cours d'école et nous avons le sentiment que s'adresser aux enfants pour les aider à être pacifiques et bienveillants devient une nécessité.

Une éducation au bien-être et à la non-violence nous semble vitale dans ce monde tumultueux qui est le nôtre. Nous espérons qu'elle sera un jour inscrite au programme des écoles. Ce serait le meilleur moyen de créer de l'harmonie entre les élèves et les professeurs.

En attendant que ce vœu se réalise, nous souhaitons que ce livre et ce CD participent au bien-être de votre enfant, au vôtre, et à celui de vos proches et de la planète.

Tant de défis sont à relever : notre monde est meurtri par des conflits, des actes de barbarie, des catastrophes écologiques dont l'homme est en partie responsable.

Il est certain que des enfants épanouis et équilibrés seront plus aptes à créer une société plus fraternelle et plus juste, qui tienne également compte de l'environnement.

Cette espérance guide aussi notre travail et a motivé l'écriture de ce livre et de ce conte musical initiatique.

Nous espérons qu'il vous aura apporté les réponses et les bienfaits que vous en attendiez.

Au plaisir de vous retrouver dans nos cours et nos ateliers.

N'hésitez pas à nous contacter pour toute question ou information complémentaire.

caroleserrat.com

REMERCIEMENTS :

Merci à Karine Bailly qui a cru en ce projet et nous a accordé sa confiance pour le mener à bien.

Merci à nos magnifiques enfants Hana et Elio qui nous ont donné la joie d'être parents.

À toutes les personnes que nous avons accompagnées, vos témoignages et vos remerciements n'ont cessé de nous nourrir et de nous inspirer.

Merci à Camille Chenal de l'Association Calapalo, Sophrologue spécialiste des troubles de l'apprentissage (http://calapalo-sophrologie.fr/),

À Geneviève Manent, thérapeute, un être exceptionnel et une pionnière (www.manent-relaxation.fr),

Merci à Henri Balland (sophroconseillers.org),

À Patrick Andre Chêné, Directeur de l'académie de sophrologie de Paris.

Petite bibliographie :

Geneviève Manent, *L'enfant et la relaxation,* Éditions Le souffle d'or.
Béatrice Copper-Royer, *Peur du loup peur de tout,* Éditions Albin Michel.
Terry Brazelton, *Ce dont chaque enfant a besoin,* Éditions Marabout.

INDEX

L

M

N

O

P

Q

R

S

T

U

V

Y

TABLE DES MATIÈRES

Des mêmes auteurs, aux éditions Leduc.s

Format : 15 x 21

Pages : 320

Prix : 20 euros

ISBN : 979-10-285-1187-6

DES MÊMES AUTEURS, AUX ÉDITIONS LEDUC.S

Format : 15 x 21

Pages : 192

Prix : 20 euros

ISBN : 979-10-285-0251-5

Des mêmes auteurs, aux éditions Leduc.s

Format : 17x23

Pages : 48

Prix : 14,90 euros

ISBN : 979-10-951-7411-0

DES MÊMES AUTEURS, AUX ÉDITIONS LEDUC.S

Format : 15x21

Pages : 224

Prix : 20 euros

ISBN : 979-10-285-0943-9